わたしの旅に何をする。

宮田珠己

幻冬舎文庫

わたしの旅に何をする。

★目次　わたしの旅に何をする。

第1部　有給の旅人

第2部　旅立ちと陰謀

第3部　旅人人生大器晩成化計画

第1部　有給の旅人

大型連休は全力でリラックスだ

私はついこの間までサラリーマンであった。結局退職したのだが、ええぃ会社なんか今すぐ辞めてやる、そうだ、今すぐにだ、という強い信念を十年近く持ち続けた意志の堅さが自慢である。

サラリーマン時代の私は、年三回の大型連休には必ず有給をくっつけてぐいぐい引き延ばし、いつも海外旅行にばかり出掛けては、上司に「たいした根性だ」とスポーツマンのようによく褒められた。幸運にも私の上司はできた人で、私がいくら休もうが黙って旅行に行かせてくれた。帰って来てお土産を渡しても廊下で挨拶してもまだ黙っていたほどだ。

で、取得した連休は大型であればあるほど、中途半端な使い方では納得がいかない。最初のうちは外国をあっちこっち緻密に動き回っていたが、そうすると列車の予約だのホテル探しだの段取りばかりが多くなって、仕事の続きみたいでかえって疲れてしまう。

こんなことではいかん、とあるとき私は考えた。

ただでさえストレスの多いサラリーマンである。やはり連休はのんびり過ごさないといけない。そうやって必死でたくさんの場所を回るより、南の島でのんびりする方が仕事のストレス解消にどれほど良いかわからない。そうだ。サラリーマンは南の島だ。浜辺でのんびり寝そべって、全力でリラックスするのだ。そうだそうだ、連休はリラックスに打ち込もう。

そしてその年のゴールデンウィーク、私は職場の同僚数人を誘ってフィリピンへ飛んだのである。

セブとかはホテルが高そうだから、目指すはプエルトガレラというややマイナーなリゾートだ。本格的リゾートではないので安宿も豊富で、マニラからも近い。何しろ休日は短いのだから、一刻でも早くビーチにたどり着き、激しくリラックスする計画であった。マニラの観光なんかどうでもいい。

バスとフェリーを乗り継いで、プエルトガレラのスモール・ララグーナビーチに到着。海の透明度を基準に選んだだけに、ビーチエントリーで軽くファンダイブの二、三本を楽しむにはもってこいのビーチである。というとまるで私がスキューバでもやるかのようだが、ライセンスないから一般的にもってこいである。

眼前に青々と広がる海に気もそぞろとなったわれわれは、すばやく宿を確保し、即座に海水パンツに着替えてビーチに躍り出た。打ち寄せる波の音に自然に笑みがこぼれるが、その顔に仕事の疲れがにじんで、全員何だか頼りないようなうさん臭いような顔になっていた。

しかし、もはやそんなことは問題ではない。今まさに光り輝くサラリーマンの休日が実現しようとしているのだ。

準備体操もほどほどに、われわれは狂ったように海に突進した。

おりゃおりゃ、サラリーマンは南の島だ、仕事のストレス発散だあ！

と思ったらウニを踏んだ。

踏んだのは、先頭切って走っていった同僚のHである。痛ッ、痛タッ、とジタバタしながら何度も踏んでいた。海の透明度は高いものの、波のせいで底に何があるのかはっきりと見えなかったのだ。

後に続くはずだった私は、彼の特攻隊精神に敬意を表し、波打ち際でその勇姿をしばらく見守った。

踏んだウニは南の島では一般的に見られるガンガゼという種類で、これはトゲがやたらに長い、というより全身ただトゲあるのみというおそるべき黒い塊である。こいつのトゲは刺さるとすぐに折れて体内に残ってしまうのだ。

Hの足には、数えてみると合計八本ものトゲが、それぞれ垂直に刺さって黒い点となって散らばっていた。さまざまな角度で刺さっていたから何度も踏んだのだろう。あるいはいろんなウニを個別に踏みしめてみたのかもしれない。とても痛そうである。こうして書いているだけでも何だか痛い。せっかくリラックスまであと一歩というところだったのに、ますますリラックスから遠のいてしまった。他人事《ひとごと》であったことだけがせめてもの救いである。

われわれはひとまず海をあきらめ、Hを宿へ運んで、トゲをトゲ抜きで抜くことにした。しかし、それは意外に太くて深々と皮膚に突き刺さっており、持参した小さなトゲ抜きではちっとも抜けそうにない。ヤットコみたいなものはないか、と宿の人に聞くと、そんなものではダメ、と緑色の小さな果物を持ってきてくれる。それはカラマンシーといってフィリピンにはよくある柚子《ゆず》に似たフルーツだった。そして、

「これを塗ればオートマティカリー・ディサピアーよ」

とその人は自信満々に言ったのである。

なんと、カラマンシーで自動的に取れるらしい。

さすが現地の知恵だ。そんな簡単な処置ですむとは。

Hもわれわれもそれを聞いて大いに安心し、さっさとこの状況を脱してあらためてリラックスに邁進《まいしん》すべく、カラマンシーを絞って彼の足に塗りたくった。

するとウニのトゲの黒い点々はみるみる小さくなって、やがてほとんど見えないぐらいになり、そのうちのいくつかは実際に消えてしまったのである。

おお、なんという現地の知恵パワー。これで一件落着。めでたしめでたし……めでたいだ

ろうか。

黒い点が小さくなったり消えたのは確かに事実である。事実だけれども、それは取れたとは言わないんじゃないのか。

宿の人は満足そうにウンウン頷《うなず》いていたが、頷いてる場合ではないだろう。八本のトゲはHの体内奥深くへ潜行したのであって、かえって心配ではないか。

そんなことでいいのか現地の知恵！

われわれはその後、念願のリラックスを果たしたといえば果たしたのだけれども、どこかぎこちなさが残ったことは否めない。Hの足は数年たった今も何ともないから、あれはあれで良かったのかもしれないが、ウニのトゲの潜伏期間については医学的に解明されておらず、というか誰も研究していないと思われるので、今後彼がどうなっていくのか、突如発症しウニ男化する危険はないのか、未知の分野だけに状況はまったく予断を許さないのであった。

ありがとうバッテラ

友人と二人での夏休み計画は、上海から杭州へ列車で出、さらに船で無錫《むしゃく》、また列車で蘇州、さらに戻って上海を見るという八泊九日の行程だった。それだけしか休みが取れなかったのである。列車やホテルの予約なしで行くので、なかなか慌ただしい旅になることが予想された。

しかもビザや荷物など順当に準備は進んでいたが、肝心の帰りの航空券が出発三日前になっても確保できていないのだった。一週間前に旅行会社からもうあきらめてくれと言われたが、ギリギリまで待つとわれわれは宣言したのだ。この夏休みを逃すと正月まで海外旅行はできない。待つだけ待ってみようと考えるのはサラリーマンの悲しい性《さが》である。

一方で、万一帰りの便の予約が取れなかった場合を考えてわれわれはある手を考えてあった。それは帰りの便が取れなくてもとにかく現地へ飛んでしまい、上海にある日本航空の関連会社を訪ね、ある人にお願いして帰りの予約を取ってもらおうという作戦だ。ある人というのはわれわれの知人、の仕事上の付き合いがある人、のさらにその友だちという、まるで芸能人のような人で、顔も名前も年齢も好きなタイプも知らないが、伝言ゲーム的に情報を伝え聞くところによると、好きな食べ物はバッテラらしい。

そんなことはどうでもいいことのようだが、そうではない。それが生半可な好きでなく、バッテラ命、ディアーバッテラ、バッテラその愛、バッテラのためなら他人の航空券の予約も取るという好きものらしいのである。そのへんはまあかなりこちらで都合よく解釈しただけかもしれないが、とにかくそういうことならバッテラさえあれば日本に帰れる、とわれわれは大いに喜び、ここに上海バッテラ作戦が極秘裏に進められる運びとなったのである。

そして旅行会社の方では結局出発の前日深夜になっても帰りの便は確保できず、われわれはやはりバッテラに頼るしかないと心を決めた。

もちろんそんなこともあろうかと新鮮なバッテラはあらかじめ確保してあった。帰りの便が取れれば、成田へ向かいつつ食おうという思惑だったが、こうなると命の次に大事なバッテラであり、食ってしまうわけにはいかない。食えば休み中に日本に戻ることはできなくなり、休み明けの月曜の朝礼に出られず、勤怠が悪いということになって出世の道がまた遠のいてしまう。もともと姿も見えないぐらい遠のいているが、ますます遠のいて極小化し、数学的に誤差の範囲として切り捨てられてしまうかもしれないではないか。

もちろん、そんな出世だの査定だののせこいことを気にしていては大物にはなれんぞ、男なら上司の目など気にせず自分の道を貫け、というのが私が常日頃からかわいい後輩たちへ語っている処世訓でもあるが、自分自身のことに限ってそんな無茶無謀はしないのがモットーである。サラリーマンとしては当然だ。

上海に到着したわれわれは真っ先にその人のいる事務所へ向かった。

その人は上海に住んでいるとはいえ当たり前だが普通のサラリーマン風の人で、突然の一方的な訪問にもかかわらず快く迎え入れてくれた。われわれは同じサラリー人種として大いに心和んだのだった。

しかし和んだのは和んだけれども、そこで気を緩めたわけではない。ここからが作戦の核心部である。その人の機嫌がいいうちにわれわれは素早くバッテラを繰り出し外堀を埋め、世間話もそこそこに、便名まで細かく指定しぐいぐい口説いて、ほどなく何とかやってみましょうとの有り難い言葉をいただいたのである。

やったぞ。さすが同じサラリーマン、話がわかる。

だが喜ぶのはまだ早かった。その場で帰りの予約が手に入るわけではなく、結果はわれわれが各地を回って上海に戻ったときに、ということなのである。

もちろんそれも考えていた通りなのだが、バッテラは正しく食われるであろうか少し心配だ。食うだけ食って何もせず、がんばったけど駄目でした、というようなことにはなるまいか。あるいはもっと発展して、バッテラ？　さあ何のことでしょうねえ、もしかしてそのバッテラとやらはこんな顔かい！　というような展開になりはしまいか。世の中にはそういうひどい奴もいるらしい。私も人に免税品などを頼まれたときは、探しもしないで、売り切れてたよ、などと言うようにしている。

　だがそんなことを言っていても仕方がないので帰りの飛行機問題はさておいて、われわれは杭州、無錫、蘇州周遊の旅へ出た。各地とも一泊、多くても二泊して次へ移動するわけだから、その交通手段とホテルの確保ばかりの毎日である。それを予定通りにきっちり移動していくのはなかなかストレスの溜まる旅だ。それでも、それなりに楽しくもあり、われわれは帰国二日前に上海に戻って、再びかの事務所を訪れたのだった。

　そして緊張しつつ見れば、デスクの上には帰りの予約の入ったチケットが二枚、燦然《さんぜん》と輝いているではないか。

　やったぞ、これでわれわれは休み明けにきちんと出社することができる。八時四十五分の朝礼にも出ることができるぞ。きっと出世も早いに違いない。

　ありがとう、われわれの知人の仕事上の付き合いがある人の友だちの豊田さん。申し遅れたがその人は豊田さんというのだ。敬意を表してここで特別に名前を記す。そしてもし豊田さんがサラリーマン辞めて、脈絡はないけれども例えば電撃的にデビューしＣＤでも出したら私はきっと買うぞ。もちろんコンサートだって行く。それから本当にありがとうバッテラ、これからはよく噛《か》んで食うぞ。

あとはそれから課長に頼まれておりました何とかいう漢方薬の件なんですけれども、いろいろ手を尽くして探してみたんですが、どうやら日本人が買いあさっているようでどこの店に行っても売り切れでした。またいつか上海に行く機会というか連休というか十分な有給休暇があれば、探してみるつもりです。

一世一代アメリカ視察

サラリーマンをやっていると、たまにおいしい仕事が巡ってくることがある。といっても高が知れているかもしれないが、今回はアメリカへ視察旅行へ行った話をしたい。

私はバブル全盛期の頃、リゾート関連の仕事をしていて、上司の命令で、ある代理店の主催するアメリカ視察旅行に参加させられたことがあった。

参加させられたなどと、さも迷惑そうに言ってみたけれども本当のところはラッキーこの上なく、もっと正直に言えば、ゴールデンラッキー金の斧《おの》と銀の斧だったのである。そこで金の斧が欲しいなどと本音を言っては水の泡なので、いいえ私が行きたいのはアメリカではありません、いくら仕事熱心で将来有望な私とは言えまだまだ修行も足りないことですし関西出張で十分です、とまず遠慮した。するとその真摯な態度が功を奏し、私はほどなく『アメリカにおけるウォーターフロントの現状と展望ツアー参加費一人百万円だけど全部会社の金スペシャル』をゲットしたのである。やはり世の中、謙虚な気持ちが大切だ。

さて代理店主催の視察旅行であるから参加者はリゾート、建築、不動産など関連業界各社から十数名。ある程度予想はしていたが、二十代半ばの私は参加者の中でも最年少のペーペーであり、私以外の顔ぶれは大手ゼネコン、不動産各社の部長クラスや取締役などそうそうたる肩書が並んで、社会的地位名誉立場その他全部ひっくるめて総合的に私一人だけやたら陥没していた。

しかし幸運なことに、旅行の事前ミーティングがあって、そこで顔合わせと名刺交換をした感触では、まあこういうことは仕事のようなふりをしてみんなでのんびりやりましょう地位も年齢も関係ないよあなた釣りはやりますかゴルフなんかどうですか、などという好ましい気配が濃厚に漂っており、私もそういうことであるならば若者は若者らしくハメをはずさせて頂きますよ若気のいたげです、それを言うなら若気の至りでしょうワッハッハ、というふうに全面的に打ち解けたのだった。

そうしてそのままバカ正直ざっくばらん態勢で当日成田空港に出向いた私は、社会的地位も名誉もある、一流企業年配エリートバリ渋スーツ軍団に交じって、一人だけ能天気な黄色満開トレーナーを着て、圧倒的に後悔しつつアメリカン航空に乗り込んだのであった。

ところでこのツアーは、何しろ二週間で百万円という内容であったので、われわれの泊まるホテルときたらそれはもうエグゼクティブであった。

例えばシカゴでは何とかハイアット（めったに聞かない名前なので忘れた）、ボストンではハーバー何とかホテル（これも二度と聞かない名前で記憶がない）と超一流どころが目白押し。ニューヨークにおいては外国首脳クラスが泊まる最高級ホテル、ウォルドルフ・アストリアなどというこの世のものとも思えぬ人外魔境のようなところに泊まったのである。

こんな機会はまたとないので、ここでウォルドルフ・アストリアのロビー風景を描写しようと思うのだけれども、そこにあった豪華な調度品や設備の名前がわからない。ホテルの従業員に関しても、フロントとエレベーターボーイはわかるが、あと机に座ってたりそのへんにただ立ってたりするのは何をしている人かわからず、やはりアメリカにはアメリカの複雑な事情があるのだと私は鋭く察したわけである。

しかし、そういう逆境においてもものの怖じせず、黄色のトレーナーを着て棒のようにロビーに突っ立っていたのは、我ながらよくがんばったお前は精一杯やったよと言っていいだろう。そして、一人そんなパカパカな格好をしていた私をウォルドルフ・アストリアの人たちは蔑《さげす》む様子も見せず（少なくとも表面的には）、まったく含みのないにこやかな笑顔で対応してくれた。この感動的な逸話から教えられることは、身なりは安っぽくとも私の溢《あふ》れる気品は隠せなかったということに尽きる。

そして、われわれはヘリにも乗った。

キアヌ・リーブスは雲の中で散歩したらしいが、私はニューヨークをヘリで空中散歩したのである。個人旅行では、なかなかヘリなんか乗らない。これも私がサラリーマンだったからこその特権的な体験と言えるだろう。帰ってから自慢するためにも、渋い空撮写真を撮っておきたいところだ。

ところが、ヘリの後部座席は三人乗りで、最年少ペーペーサラリーマンの私は景色が見えにくい中央のポジションということに暗黙自動了解的に決定し、勢い込んで持参したカメラを覗《のぞ》くと景色の他にどうしても隣のおっさんの頭が入ってしまうのだった。なるべく入れないで撮影しようとしても、機体がふらふらするので、シャッターを切る瞬間に、サッとおっさんがよぎったりする。本人はむこう向きだから知らないだろうが、これがなかなかうまいフェイントなのである。今でもニューヨークの空を思い出すと真っ先に浮かんでくるのは、摩天楼の美しさと、年季の入った後頭部の渋いたたずまいである。

このように素晴らしいヘリ体験であったが、カメラばかり覗いていたせいで酔ったりもして、何だかもういいぞ、高層ビルの展望台で十分だと思ったのだった。

これ以外にもこのアメリカ視察旅行では、アトランティックシティのカジノで豪遊（スロットマシン）したり、フロリダのクラブメッドで湯水のようにシャワーを浴びたり、シカゴの超高層ビル〝ジョン・ハンコック・センター〟最上階の豪華レストランを見上げたりし、サラリーマンならではのおいしい思いをたくさんさせてもらった。

帰国してそういえば報告書を出さねばならないことに気づいたが、一体何を視察したのか全然記憶になく、それでも思いつくままに書いてみると、報告書というよりただの愉快な旅行記になってしまい、私は頭を抱えたのであった。

火葬を深く考える

アジアを旅する以上、一度は決着をつけておかなければならない情景がある。

火葬だ。

火葬と言えば、ガンジス河に臨むバラナシのマニカルニカーガートが有名であるけれども、そこは写真撮影禁止なので、写真を撮って自慢したりそれをネタに通ぶって人生観変わったとか言いたい人には、カトマンズのバグマティ河に臨む、パシュパティナートがお手軽である。

しかし、相手は火葬である。そんないい加減な気持ちで写真撮っていいのか、見世物じゃないぞコラ、という問題がある。何しろ人の死にかかわる問題であるから冗談ではすまされない。そこで今回は特別に、火葬について真面目に考えてみたいと思うのである。

さて、パシュパティナートに私はいる。

ここでは観光客はガートのすぐ横の橋からそれを間近に眺めることができる。

バグマティ河は河幅が狭いので、対岸からでも写真を撮ることができるが、どちらにしても写真を撮る場合、お気楽記念スナップという感じではちょっといただけない。もちろん笑ったりピースしたりしては不謹慎である。事態はピースどころではない。死んでるのだ。

まあ現地の人はそんなことにお構いなく、笑うべきときはドヒャドヒャ笑っていたが、われわれはなるべく深刻な顔の方が良いだろう。参考までに白人の観光客を見るとさすがに心得たもので、皆一様に眉間に皺《しわ》をよせ顔をしかめて、灰が自分の方にふわふわ漂って来ないよう手のひらで、エイ、エイ、とあおいでいた。

河岸に設けられたコンクリートの小さなステージのような場所に薪が積まれ、そこに白い布でくるまれた死体が載せられ、さらに上に藁《わら》が被《かぶ》せられて火が点《つ》けられた。

私はそれを見ながら、人間の体というのはなかなかパッと火がついて燃えるものでもないんだな、とまず感じた。燃えているのは下に敷かれた薪や死体に掛けられた衣服であって、死体はその中でだんだん膨張し、全体的にはやはり人間の形のままやがて白い肉汁が染み出してくる。指などはいつまでも五本なら五本、燃えないままある。

私は哲学的に考察しようと思うのだが、科学的に観察してしまい、脳の人生観とかがある領域になかなか思索が達しない。たぶん燃えているのが知らない人だからであろう。知っている人に突然火がついて炎上したら私ももう少し真剣に考えるかもしれない。が、その前に火を消して救急車を呼ぶだろう。

さらに火葬を眺めながら、本来こういう場面で人は何を考えるのだろうかと考えた。その考えの深さが顔ににじみ出て、そういう自分が結構素敵なのではないかとも思った。日本ではただのボンクラのようだが、実はこうして深く考えているのだ、なめんなよ上司とか、金返せ鈴木、などと哲学的に考えていた。

燃えていないようで、死体は着実に姿を変えていて、気づくといつの間にか黒いパンパンの塊になってしまって、おっさんが竹竿《たけざお》でつついてまとめようとしてたりする。死体の方は、そうはいってももともと誇りもプライドもあった人間であり、そんな簡単に小さくまとまるわけにはいかんワシにも意地があるぞやめんかいやめんかい、という感じで剛直に抵抗している。その剛直さと、なんとかまとめようとするおっさんの力が拮抗して死体がぐるっと回転しブレイクダンスみたいになったりする。そのうち脚とか腕とかがポキッと折れて、だんだんやっぱり小さくたたまれてしまう。思わず、おい、まだ若いんだから小さくまとまるんじゃないぞ、と応援したくなるが、若くなくて死んでるのだった。

それでまあ大体燃えてしまうとザアッと河へ流してしまうのだけれども、どうも私の見る限り、流してしまうにはまだ指とかきちんと燃えていないのではないか。全体的にはもうわからないが、手や足の部分なんかはまだ人間のものとわかると思うのである。

そしてそのまま流してしまうその下流で、一般庶民が洗濯したり沐浴したり歯を磨いたりしているのはお馴染《なじ》みの光景なのだが、つまりあれはプールで小便するようなもので、まあ水もたくさんあるし薄まるから大丈夫という公式の見解なのであろう。あるいは河幅十メートルに対し死体三つまでなら可とか、小学生以下の子供は大人同伴なら一人分タダとか決まっているのかもしれない。

このような生活の場でもあるバグマティ河に手や足の形をした黒い塊が流れていくのか沈んでしまうのか、とにかく洗濯物のジーンズに紛れ込んでいないことを祈るばかりである。

以上が火葬のあらましというわけだけれども、思えば深い思索を巡らす前に死体は流れていってしまった。人が死んでいるのだから、もう少しいろいろ考えようがあったのではないかと思わないでもないが、指の形とか見ているうちに終わってしまった。少し後悔しながら周囲を見回すと、最初並んで見ていた白人観光客などは飽きてどこかへ行ってしまい、私ももう一体あらためて見るというのも何だか退屈な感じで、どうやら私は人生観が変わる機会を逸してしまったようであった。

というよりも、もともと変わる原型となるような人生観があったかどうかも疑わしく、ただまあ思ったことがあるとすれば、自分が死んで燃やされるときは、焼却炉だと何かのはずみで颯爽《さっそう》と生き返っても出られないので、なるべくならこうして外でぐわああっと燃やされる方が、途中でちょっと待ったできるからいいな、ということであった。

そして火葬で葬られたのが知っている人だったらと想像してみると、もはや燃やされたのは物であってその人でなく、想いは記憶の中を巡るだけなのではないか、とちょっと真面目に思ったのである。

ヒマラヤでひまだった

ネパールのエベレスト街道をトレッキングするには、テントを持たない場合、ロッジに泊まりながら行くことになる。ロッジの設備は高度が上がるごとに貧しくなって、登山拠点であるナムチェバザールならばまだシャワーや個室もあるが、さらにエベレストに近づいてディンボチェあたりまで来ると、個室はまず見つからないし、シャワーもなくなってしまう。

トレッキングを始めると普通は体なんか洗わないですませてしまうものだし、日本でも古来、林間学校では三日同じパンツを穿《は》くのがしきたりとなっているが、やはり二週間もそのままとなると体がかゆくなるのは避けられない。そこで、シャワーのかわりに、洗面器一杯のお湯を買って、それで体を洗うことになる。洗面器一杯で全身が洗えるのかと思うかもしれないが、そんなのは何とかなって、この場合問題なのは、どこで洗うかである。

たとえお湯があっても夜中は寒いので、なるべくなら太陽の出てる時間帯に、光を浴びながら体を洗いたい。しかも優先順位をつけるなら髪に次いで洗いたいのは、断然やはり私の魅力的な股間であり、まあ魅力的かどうかは判断の分かれるところだけれども、せっかくお湯を買った以上は、頭や手足だけでなくて股間にも何とかアクセスしたいところである。しかし宿に個室はなく、昼間しかも日のさんさんと当たる場所で、ということになると、魅力の股間問題は意外に重要なのだ。

私の場合はなるべく人に見られない宿の裏でさりげなくパンツを脱ぎ、まったく自分でも何を始めようとしているのかついでに変なことを考えないよう精神を統一しつつ、そそくさとお湯に浸したタオルで体中を擦《こす》った。

ただ、そうして何とか無事に股間を清潔にしても、その後穿くのは結局さっきまでと同じパンツなので、そうなるとパンツ側に移っていたいろいろな汚れが、エントロピーの法則というか濃度のバランスから考えて、今度は清潔になった私の体の方に里帰りしてくるのではないかというような科学的な不安も少しよぎるのであった。

だがしかし、ヒマラヤのトレッキング中で一番きついのは、股間を洗うことではなく、実は何よりも退屈との戦いである。

山での行動は早立ちが基本で、朝六時には起き、どんなに遅くとも八時までには出立する。といっても、あまりいっぺんに高度を稼ぐと高山病の危険があるから、だいたい午後一時ぐらいにはその日の行動は終了して、適当なロッジに収まってしまう。それからが問題なのだ。

まったくやることがない。

私は日記をつけてみたが、そんなものはせいぜい三十分もすれば書き終わってしまう。重いのを承知で持って来た文庫本もみるみるうちに読んでしまった。いったん宿に落ち着いてしまうと、散歩するのも、もう寒い感じがする。窓から美しい景色などが眺められるならそれも良しとしたいところであるが、山の天気というのは通常午後になると曇ってくるので、外はガスで何も見えない。それでは寝てしまうかと言っても、昼間から寝てしまうと今度は夜中に起きるはめになるから、かえってつらいだけだ。

もともと私は寝つきが悪く、日本にいるときは普通に生活していても、朝四時五時ぐらいまでベッドの中で起きていることが多い。翌日寝不足のまま仕事をするが、その次の夜は眠れるかというとやっぱり夜中にだんだん目が冴えてくるのである。体の方は、どうしても仕事中に寝たいらしい。

旅行中はまだ眠れるほうだが、それでも昼寝などしてしまった日には、シュラフの中で徹夜する可能性大である。何としても昼間は起きて時間をつぶさなければならない。ひまなあまり頭痛とか吐き気とか高山病の兆候はないかと自分を観察してみるが、幸運なことにそれもなかった。私は途方に暮れていった。

しかし、である。ものは考えようではないか。思えば毎日仕事で忙しい日々を過ごしているのだから、こうしてボーッとする時間があるのは贅沢なことである。そもそも現代社会に生きていると、いろんな情報に振り回されて慌ただしいばかりだ。といってテレビや新聞を捨てて仙人のように生活するのも勇気がいる。そうなるとこうして無理やりにでもテレビも何もない場所にほうり出されてみるのは、自分を見つめ直す結構いい機会と言えるのではないか。

私はそう考えることにして、もし自分に有り余る時間が手に入ったら何をしたかっただろうかとまず考えてみた。そうすると思い出したのはゆっくり旅行したいということであり、じゃあどこかへ旅にでも行こうか、と思ったら今がそうだ。

やがてようやく夜になり、私はシュラフにくるまる。ロッジの寝床はみんな一緒で、同じ部屋に十人以上が寝る。そうなると中に間違いなく一人ぐらいは鼾《いびき》の大きい奴がいて、たいてい私より先に眠ってしまうから、ガアガアうるさい。トレッキングに行く人には耳栓を持って行くことをお勧めする。

そしてそのおかげで私はやっぱり眠れない。眠れないこと自体はあんまり気にしてないが、その間の退屈は耐え難いものがある。テレビなどもちろんないし、隣に人がいるので懐中電灯もつけられない。これといって頭の中でじっくり検討すべき問題も浮かばない。

そうこうしているうちに何だか頭が痛くなってきた。そう言えばいつの間にかはっきりと頭痛がしているではないか。おおっ締め付けるような頭の痛み、ついに高山病か！　高山病は夜に出ると聞くぞ、と思ったら帽子被ったままだ。

さっさと眠って朝を迎えたいのにいろいろ気になるぞ。

私はだんだん仕事がしたいような気さえするようになった。悲しいことにサラリーマンの私にとって、それが退屈を紛らし、かつ眠くなる一番いい方法なのであった。

トラベラー来たる

　エベレスト街道をトレッキング中に中国系イギリス人と知り合った。

　トレッキングも奥地になると、ロッジの寝床は二段になった板張りの棚に一同ゴロゴロ寝るということになっていて、ある宿で彼と並んでシュラフを広げたのがきっかけである。

　なんとなく横になったまま互いに自己紹介し、彼の名はリックということがわかった。二十九歳で仕事を辞めて一年間の世界放浪の旅に出、ヨーロッパ、インドを回って現在四カ月目になると言う。なかなかハンサムで真面目な感じであり好感が持てた。類は友を呼ぶということであろう。

　今度は自分が自己紹介し、私は日本ではサラリーマンをやっていると言おうとして、ふとサラリーマンは英語なのかと疑問に思った。この場合ビジネスマンと言うのではないか。とすると私はビジネスマンだったのか、サラリーマンと違って何だかエリートの香りがするではないか。

　彼のほうは、俺はテクニシャンだ、と言った。な、何を言っておるのか、私は普通の男でありお前がテクニシャンであろうとなかろうと全然知ったことではないぞ、と思わず言いかけたが、テクニシャンというのは技術者のことらしい。驚いた。技術者はエンジニアではないのか、紛らわしい英語の使い方するな、と思ったけど相手は本式のイギリス人なので、帰って辞書と相談してからにしよう。

なぜテクニシャンを辞めたのかと聞くと、ボスがちっともわかってない奴だったからだ、と言う。なるほど、わかっていないボスはイギリスにもいるのか。あるいはうちのボスと同一人物かもしれない。

日本に来たらうちに泊めてやってもいいぞ、と言うと上機嫌になって、

「タマキ、お前はトラベラーとツーリストの違いを知っているか」

と小難しいことを言う。

「自慢じゃないが、エンジニアとテクニシャンの違いも知らないぞ」

「ツーリストはただエージェントにお膳立てしてもらって旅行してる奴のことだ。トラベラーは違う。自分の力で道を切り開くんだ。だから俺はトラベラーなのさ」

リックは得意気に言った。彼は、しばらく洗ってない髪が変ちくりんにカールして、タマネギのようになっていることに気づいていないのだろうか。

そのリックが日本に来ることになった。

私が日本に帰って数カ月後に連絡があり、二週間お邪魔したい、と彼は言った。確かに私は自分の部屋に泊めてやると言ったけれども、まったく外国人は社交辞令がわからないから困ったものである。

しかし、考えようによっては自宅に外国人を泊めるわけであるから、つまり私は国際人ということになって、なんかいい感じがする。もっと言えば国際的ビジネスマン、あるいは世界を舞台に活躍するビジネスエリートと呼ばれても差し支えない。そうなのか、知らず知らずのうちに私はそんなところまでのし上がっていたのか。

そうなると問題は私の部屋が狭いワンルームマンションだということだけだ。予期せぬラッキーに備えて一応予備の布団はワンセット用意してあるけれども、実際にそれを敷くとかなり狭い。しかも私は毎日仕事で遅いから、食事もあんまり奢《おご》ってやれそうにない。おまけに、できればしばらく会社を休んだりして小旅行とかにも連れて行ってやりたいところだが、今となっては突然に休めない。困ったぞ。困ったけれども、そうこうしているうちに彼は来てしまったのであった。

私の狭い部屋を見た彼は、さすがに少し申し訳なさそうな顔になったが、それでも物価の高い日本だから、私が本当に構わないなら二週間泊めてほしい、と言った。

そうしてリックと私の二週間の共同生活が始まったのである。

私は何とか時間の都合をつけて食事にも連れて行き、会社の同僚を集めて簡単なパーティーみたいなこともし、カラオケにも行って私の素晴らしい吉川晃司ぶりなども披露したが、これについてはリックが静かに聴き惚れていたことが確認されている。さらに私のかっこい い佐野元春ぶりや、渋い甲斐よしひろぶりも息継ぐひまなく披露したので、彼は大いに喜んでいたはずであるが、ダンディな玉置浩二ぶりぐらいになってふと気づくと、なぜか暴れていた。

彼は日本の食事は高いと言って、私の部屋のキッチンで自炊を始めた。朝はパンにチーズをのせて焼いていたが、夜は一体何を作っていたのか、私が帰って来るのはいつも夜遅かったので不明である。

ある日冷蔵庫を開けると生うどんと新鮮なイカが入っていた。イギリス人らしからぬ食材のチョイスだが、日本風にしてもなんか変だ。うどんにイカを入れて食っているのだろうか。謎である。

結局、忙しくてあんまり構ってやれず申し訳ない気持ちであったが、それでも彼は自分で京都奈良方面に短期旅行に出掛けたり、新宿や六本木を探検したりして結構勝手に楽しんでいた。とにかくこっちがあんまり心配しなくても、彼も旅人だから自分で何とか楽しんでいるのだった。よかったよかった。

そして日本を去る日が近づいたある日、私がまた夜遅く帰ってくるとリックが、

「今日はシバユへ行って、ぶらぶらしてきた」と言う。

シバユ？　何じゃそれ。

「人がいっぱいいいた。面白かった」

どこなんだ、それは。

どこかの銭湯の名前か。あるいは私の知らない謎の町があるのか。

そしてリックは、その正体を明かさないまま次の目的地であるオーストラリアへ旅立ってしまったが、まあ個人的な意見を言わせてもらうなら、実は渋谷の言い間違いではないのかリック、しっかりしろリック、と私は踏んでいる。

いい奴だったが、ローマ字ぐらいちゃんと読めよ、イギリス人。

額からウリウリ

モルジブで、アーユルヴェーダのマッサージを受けた。

これはインド医学に基づく伝統的なマッサージ法で、以前テレビで見たときに、仰向《あおむ》けになった人の頭の上に大きな瓶を吊るし、その瓶に溜めたオイルを底の穴から額に垂らす場面があって、画面に釘付けになったことがある。見ているうちに、散髪屋で顔の毛を剃《そ》るために額に石鹸をべちゃあああっと塗られる瞬間の、えもいわれぬ快感を思い出し、額から背中にかけてゾクゾク震えが走ったのだ。

以前から私は、額は性感帯である、という理論というか学説というか個人的嗜好をもっており、たとえば指が触れるか触れないかぐらいの距離で額の中央部をさされると、その一点に体中のウリウリが集まって、なんだか全身ウリウリするのである。この不思議な生理現象について心理学者のフロイトは、
ウリウリとは、人間の興奮量の発散である。

という有名な一句を残している（てきとう）。

とにかく私は、額にオイルを垂らすマッサージ（これを特に「シーロダーラ」というらしい）の効果に疑いの余地なしと踏んでいた。

そしてそれ以来すっかり忘れていたのだが、このたびモルジブを訪れると、このアーユルヴェーダ式マッサージをやっていたので、迷わず申し込んだ次第である。

それにしてもモルジブは地図で見ると小さな島が散らばる群島国家だが、実際にマーレの空港に降り立ち、ボートで移動してみると、島なんかあんまり見えなくて、国は一体どこにあるのか全部海じゃないか。

というような感想はいいとして、さっそく指定された建物へ行ってみると、インド人と思われる細身のおっさんが、体育倉庫みたいな小屋の前でひとりで待っていた。マッサージというからには、もっとゴージャスというかオシャレな建物をイメージしていたのだが、ちょっと寂しい雰囲気である。

通された狭い室内には木のベッドがひとつだけあり、ベッドの上には、ぼったりした丸い瓶が吊り下げられているのが見えた。あれが期待の瓶であろう。

服を脱ぎ、まずは言われたままに横になると、ベッドが堅い木の板で背中が痛かった。

アーユルヴェーダ、いきなり痛い。

と思わず一句詠んだ。マッサージなんだからもっと柔らかいベッドでは駄目なんかコラ。

……いや、まあ何しろインドの由緒あるマッサージであるから、堅いベッドにも深いわけがあるのだろう。実はこの堅いベッドがミソだった、ということが後で判明するのかもしれない。ここは我慢して次へ進む。

マッサージのメインは全身へのオイルマッサージで、どうということはなかった。何か薬草のようなものを塗りこんでいたが、もっと強く擦られアカ玉でもできるかと思っていたのにソフトなタッチで物足りない。のっけからどうもピンと来ない展開であるが、私の狙いはしかし、額にオイル垂らしマッサージ「シーロダーラ」なのであって、体の方はどうでも許すのである。

ようやくその時間になり、オイルが目や耳、鼻に入らないよう細い鉢巻きのようなものをあらかじめ眉毛のあたりに巻かれた。指示されるままにベッドの端にある桟に頭をのせる。この桟は垂れたオイルを囲って外へ漏らさないための板囲いであって枕ではなく、のせると後頭部が痛かった。

アーユルヴェーダ、あちこち痛すぎ。

読者もどこでもいいから手近な窓を開けて桟を枕に寝てみれば、どのぐらい痛いかわかるであろう。そういう体勢で額にオイルを垂らされるわけだが、これで本当に気持ちいいのか。それとも何か秘策があるのか。

オイルが頭上に吊るされた瓶の穴から垂れてきた。温かいオイルで少しはリラックスかと思ったら、冷たかった。

寒いぞ。

どういうこっちゃねん。

あの散髪屋で額に石鹸をべちゃあああっと塗られる快感はどこへいったのだ。しかもあれは石鹸が温かいのがまたいいのだ。ここでは後頭部はガチガチするし、ちょうど夕暮れどきで体も寒くなってくるし、リラックスというより拷問に近いではないか。全然納得いかないぞ。思わず、

「オイル冷たいし、ベッドも堅いよ」

とおっさんに身振りで文句を言った。すると、おっさんは、

「オオ、ソーリー」

と悲しそうな顔をして、設備が十分揃わないんだよ、というようなことを何語かわからない言葉で言った。なんだ、やっぱりただ堅いだけではないか。秘策も深みも何もない。

アーユルヴェーダ大撃沈。

六十五ドルも払って撃沈である。期待が大きかっただけに残念極まりないが、しかし本当のところはどうなのか、設備が揃えばどうなのか。

帰国後、シーロダーラでトリップしたという人の噂を聞いた。ものすごいウリウリの波が体中をかけぬけたと言う。悔しい。私のウリウリはどうなっているのか。

いずれまたどこかで、アーユルヴェーダの真実に迫らなければならない。

ボロブドゥールで静かなブームを呼んだこと

ボロブドゥールの遺跡は朝六時に開門する。私は観光客が大勢やって来る前にこの壮大な仏教遺跡を独り占めしようと考え、六時になったらすぐ突入できるよう遺跡公園の隣のゲストハウスに投宿した。

インドネシアでは宿によって、すぐそばにイスラムのモスクがあったりして、朝四時だか四時半だかにアザーンの大きな響きで起こされてしまうのだが、ここは近くにそういう建物もなく、五時半ぐらいまでゆっくり眠れそうだった。気温も暑すぎず、もともと蚊も少ない季節で、なかなか快適な睡眠が確保できそうである。

窓の外には隣家の庭が見えていて、ニワトリがいた。

きっと夜明けのちょうどよい頃合いに鳴いて起こしてくれるだろう。と思っていたら、深夜、私が寝静まった頃に、そこらじゅうでコケコケと一斉に鳴き出し、そのうちにどこにそんなにたくさんいたのかと思うぐらいの大騒ぎになってしまった。

やかましいぞ貴様ら！　空見てわからんのか。

その後も頭悪いニワトリたちに何度か起こされてほとんど睡眠不足だったが、とにかく六時に一番乗りしようと五時四十五分にはゲストハウスを出て遺跡公園の入口へ向かった。いくら観光地とはいえ、こんな朝っぱらから来るようなヒマ人はおるまい、朝のさわやかな空気の中で世界的仏教遺跡を独り占めできるぞフッフッフ、と思ったら門前に百万人ぐらい並んでいた。正確には百人ぐらいだけど、それでもパチンコ屋じゃないんだから開園前からこんなに並ぶというのは一体どうなっているのか。もはや世界中どこへ行っても並ばずに入れる所はないのだろうか。

ボロブドゥールの頂上から、朝もやに煙る田園風景とヤシの森を眺めた。

遠くに富士山のような円錐形の大きな山も見えて幻想的である。いい気持ちで微睡《まどろ》んでいると、現地の中学生かと思われる男子と女子の二人連れが、じっと私を見ているのに気がついた。何だろうと思って見返すと、おずおずと近づいて来て、話をしてもいいですか、と言う。

「生きた英語を勉強したいのです」

「そうですか、話をするのはいいですけれども、私の英語はほとんど死んでいるのでちょっと心配です」

「あなたはどこから来ましたか」

「日本です」

「学生ですか」

「いいえ違います」

という感じで、職業、年齢、趣味、家族構成、今まで訪れた国の名前からインドネシアでの滞在期間、果ては両親の職業まで一方的に聞き出され、最後は、

「そうですか、ではさようなら」

とどこかへ行ってしまった。わけがわからん。インドネシアの秘密警察かもしれない。

朝の七時ぐらいになると、遺跡の上は観光客でごった返し始め、私は何だかつまらなくなってきた。それでふと、眼下に広がる田んぼの向こう側へ行って、そこからボロブドゥールの写真を撮れば結構いいものが撮れるかもしれないと思い、さっそく、ボロブドゥールを一周できるかどうか知らないけど、いいアングルを探しに出掛けたのである。

遺跡公園の外は田んぼで、道は少し離れた所に見つかった。それを曲がると、観光客など一人もいない生活用の凸凹《でこぼこ》道である。現地の人さえあんまりいない。両側はヤシの林。私は一人のんびりと散歩を楽しんだ。

ふと、すれ違った現地のおばさんが、私ににっこりと笑顔を見せた。

私が素敵な好青年だからであろうか。きっとそうだ、そうに違いないと思っていると、今

度は小柄なおっさんが近寄って来てあたりの林を指しながら、これはヤシの木だ、ワシが登って見せてやろう、と言って根元に取り付いた。わけがわからないので遠慮すると今度は、あそこに変な果物がなっているぞ、あっちにトカゲが見えるだろうヒャッヒャッヒャ、といろいろ話しかけてくる。

圧倒されつつも曖昧《あいまい》な笑顔でその場を切り抜けると、今度は向こうからやって来たバンがすれ違いざまにプップッとクラクションを鳴らし、見れば運転手が私を見てほほ笑んでいるではないか。

どうやら私はインドネシアで大人気のようである。近々このへんでコンサートをやる予定があったのではないかと思いつつ、さらに歩いて行くと、土木作業をしていたおっさんにハローと声をかけられ、すれ違ったおばあさんがフフフと笑う。みんな私の熱狂的なファンらしい。きっと、さっきの子供たちも秘密警察でも何でもなくて、単に素敵な私に話しかけたかったのではないか。どうも日本で人気がないと思ったら、こんなところで人気が出ていた。というより、日本ではただのサラリーマンにしか見えない私ではあるが、インドネシアの人はそういう肩書を抜きにして、私が大人物であることを一目見て悟ってしまったというのが本当のところだろう。さすがインドネシアだ。

念願の写真も無事に撮れ、遺跡公園に戻った私は、たまたまそこで今度は旅行中の日本人

中年女性に会った。その人は、なんだか最初からうれしそうで、誰彼となく声をかけたい気分らしく、いきなり、

「インドネシアの人はみんな優しいですね」と話しかけてきた。

私は適当に相槌《あいづち》を打つことにした。こういう夢見心地な旅行客と話をするのはなかなかつらい。旅行に出るとすぐ、現地の人の優しさに触れたとか目がきれいとか言って舞いあがってしまうタイプだ。そんな話は私の知ったことではないのである。

「そんなに優しいですか」

と私は少し皮肉っぽく聞いてみた。

「だって誰でも目が合うとにっこり笑ってくれるのよ。まるで自分が有名人になったみたいだわ」

まったくおばはんというものは、自意識過剰で困ったものである。

怪しい紅茶

もう随分前の話になるが、私はトルコのカッパドキアを訪れた。訪れたのは三月。イスタンブールでこれからカッパドキアへ行くと言うと、

「おお、それは無謀だ。三月のカッパドキアは寒すぎる、昨日も大雪だったと聞いてるぞ。この革のジャンパーを着ていけ」

と言われ、言われるがままに百二十五ドルでジャンパーを買ったのである。

行ってみると快晴だった。

さらに途中のバスで会ったトルコ人に、ジャンパーの値段を話したところ、

「高すぎる、その半分で買えるよ」と言われたのだった。

カッパドキアでバスを待っていると、男が近寄って来て、

「今日はオフシーズンだからバスは来ない。わしのタクシーで行け」

と言ってるその場へ、バスが来た。

結論、この国は信用できん。

と思いながら、ネブシェヒールの街を歩いていると、今度はいきなり紳士風の男が現れ、

「お前はどこから来た」と言う。

「日本だ」と答えると、

「おお、日本人か。日本人は大好きだ。奢らせてくれ」ときた。

変な奴が出てきた。しかし面白いかもしれないので、怪しげな店だったら絶対入らんぞと念じながらついて行った。入ったのは普通のチャイハネだった。男は紅茶を二人分勝手に頼み、

「日本は素晴らしい。日本人は戦争で負けたうえに、台風や地震もある国なのに物凄く発展した」

と何だかやたら日本を持ち上げた。

それがかえって信用できない、と思っていると、

「では、私は失礼する」

と紳士は言って金を払って出て行ったのである。

何だ、全然いい人じゃないか。

よくわからなくなってきた。

カッパドキアの観光拠点となるネブシェヒールで、チェックインしたホテルのロビーで休

んでいると、知らないおっさんがいきなり紅茶を持って来た。そして「飲め」とたぶんトルコ語で言った。

何だ、いきなり。誰なんだ、あんた。

私は考えた。これは睡眠薬強盗ではないか。ホテルの従業員が客人をもてなすような顔をして、さりげなくロビーで睡眠薬の入った紅茶を飲ませるのだ。本当は従業員でも何でもないのではないか。

そう考えたのには根拠がある。普通、トルコの紅茶は小さなガラスカップの横に角砂糖が二個ついてくる。ところが、このおっさんはその角砂糖を私の許可もなく、勝手に入れてかきまぜてから持ってきたのだ。何か別のものも一緒に入れたのではないか。

おっさんの顔をうかがってみると、いい人とも悪い人ともどちらとも取れる、引っかけ問題のような顔をしていた。

「さあ、飲め、飲め」

おっさんは身振りでしきりに勧める。この無理やりにでも早く飲ませようとするのが、また怪しい。

しかし、ひょっとするとさっきの紳士のように、私を本当に歓迎してくれているのかもしれない。そうだとすると飲まないと悪い気がする。

どうするか。

私は悩んだ。一口だけ飲んでみようか。いや、その一口が命取りになる可能性もある。紅茶は飲めないということにしようか。でも、コーヒーならまだしも、紅茶が飲めない人なんてそうそういないだろう。

おっさんは「どうした、飲めよ、ほらほら」と少しイライラしてきた様子だ。どうしたらいいんだ。

私はそこで、ほんの唇を湿らす程度に口に含んでみた。おっさんは私の顔を凝視している。なぜ、そんなに見つめるのか。味はどうだと言いたいのか、それとも睡眠薬が効くのを待っているのか。

そのとき、いいアイデアが閃《ひらめ》いた。

眠ったふり作戦だ。

眠ったふりをして、相手の出方を見る。睡眠薬が効いたと思って、貴重品とかをまさぐり出したら、一撃必殺の蹴りを入れるのだ。我ながら、何とうまいアイデアであろうか。

人は睡眠薬で眠らされると、ど〜んといきなり眠る。私もかつて入院中に飲んだことがあるが、飲んだ直後からまったく記憶がないほどだ。そこで私は紅茶カップをテーブルに置いたら、即座にど〜んとソファにもたれ、そのまま一気に眠ったふりをした。

おっさんはしばらく見ていたが、そのうちに立ち上がって私を揺さぶり出した。

「おい、こんなところで寝るな」

みたいなことを言ってる感じだ。しかし一方でそれは眠ったことを確認するためかもしれない。ここで信用するのはまだ早い。

私はしばらく眠ったふりを続けた。

どう出るか、おっさん！

と思ったら、おっさんは私を起こすのを諦め、フロントの中の男と話を始めて、そのうちに自分も中に入って働き出したのであった。なんだ、本物の従業員ではないか。紅茶は親切だったのだ。それなら飲んでも大丈夫である。

おっさん、疑ってすまなかった。

おっさんは、いきなり眠ってしまった私をフロントの中から気にしている。そうなると、今さら急に起きるのも変なので、私はソファに寝転がったまま、時々寝返りとか入れたりして、しばらく無意味な演技を続けたのだった。

ニューカレドニアやけくそビーチ

夏休みの興奮さめやらぬ九月。ニューカレドニアはどうじゃ、と意味はないが突然殿様ふうに思ったのだった。次の正月の行き先である。サラリーマンであるから正月の予定は九月にたてるのが基本だ。

それで、旅行雑誌のニューカレドニア特集を見ると海の色が凄《すご》かったのである。さらに見ていくとバヌアツという所もあり、こっちも海なんか猛烈に美しそうだ。これなんかもどうなんじゃ。

そこで私はニューカレドニアとバヌアツとを天秤に掛け、どんな場所かよく知らないけど名前的にバヌアツに決め、さっそく旅行会社に申し込んだ。

ところが、その後きちんとガイドブックを購入し、さらに詳しい計画を詰めようとすると、気候のページに、正月のバヌアツ台風多し、おそるべしバヌアツの正月、というようなことが書かれているではないか。貴重な正月連休が台風に当たったのではたまらない。私は即座に旅行会社に「バヌアツはやめてニューカレドニア一本に絞る。駄目なら来年また挑戦する。

絶対合格四当五落」と連絡した。

さて予約も取れてその正月になり、私はニューカレドニアの中でもビーチの美しさは特に絶品と言われるイルデパン島に向かった。イルデパン島は宿泊施設が少ないこともあってニューカレドニア本島から日帰りで来る人が多いようだが、海の透明度が全然違う。日帰りなんてもったいない。私は三泊四日の予定で、バンガローに逗留した。

しかし、である。到着したその日は雨。

海は灰緑色にどんよりして、全然予定と違うのである。やがて強い風も吹き始め、つまり台風が来ていたのであった。台風はバヌアツへ行くはずではないのか。しかも予報によれば、そいつは今日来たばかりでしばらくゆっくりしていくという。バヌアツでゆっくりしろバヌアツで。

イルデパン島には娯楽施設などまったくなく、私は何もすることがないのでダラダラとバンガローで過ごすことになった。せっかくの正月休みが台風に当たるとはなんという不幸であろう。天気のことだから仕方ないが、あんまり悔しいので風が弱まったときに少し海に入ってみた。しばらく太陽が照っていないので水温は低かったけれども、私は海の男だから寒さなんか楽勝であり、おりゃあ、平然と腰まで入ったって全然平気なんだ、おりゃあああ ああ、けれども、まあいっぺんに入ってしまうのも何であるし、徐々に楽しみたいので、腰から上はまた今度ということにしておく。

　バンガローに六十歳は間違いなく超えていると思われるニュージーランド人のお婆さん二人組がいて、風がおさまって波も凪《な》いでくると、待ち切れないのかまだ雨の残る中、ウエットスーツを着て遠浅のビーチをドカドカ泳いでいた。それがそのうち何を思ったのか急に方向を変えて沖へ向かって泳いで行く。おいおい大丈夫なのか。いくら風が止《や》んだとはいえこの水温、しかもあの歳《とし》である。力尽きて溺《おぼ》れたり心臓マヒで死んだりサメに食われたり昆布に巻きついたりするかもしれない。そして、見れば何だか手を振っているぞ。あれはひょっとして溺れているのではないか。おお、これは私が助けなければならんのか。と心配しているとバシャバシャ戻って来て、「あそこに大きなカニがいたよ」と言った。

　台風はなかなかバヌアツへ去らず、別にバヌアツでなくてもいいのだが、早くどっか行けよと三日間念じ続けて、結局私の方がイルデパン最終日になってしまった。そしてその日だけどーんと快晴になったのである。

　今頃遅いし悔しいけれども、とにかくこの一日を大事に使うしかない。バンガローの車で白砂の美しいカルメラビーチへ出掛け、照りつける熱帯の太陽と紺碧《こんぺき》の海を味わうことにする。三泊四日分を取り戻さなければならない。何しろこの日のために九月から綿密に企画立案してきたのだ。

カルメラビーチに到着するとニューカレドニア本島から日帰りで来た日本人観光客がどっと繰り出して、おそらく正月休み最後の太陽を逃すまいとサンオイルを塗りまくり、あっちこっち寝そべりまくり、ビーチボールも打ちまくり、ヤシの木に跨《また》がりまくり、おおっ、ヤドカリ発見ヤドカリ発見！　などとやっていた。さらに、そのヤドカリを砂で攻撃してみたり、それより水に入れてみた方が面白いのではないかとか、そういえばヤドカリは泳ぐのか、うりゃうりゃ泳いでみろ、などとやっていたのは私だ。

そのとき、近くにいた小学生の母親らしきおばさんが、息子に向かって言うのが聞こえてきた。

「ゆうちゃん、ちゃんと遊んでおきなさい。もう一生こんなとこ来ないんだからね。しっかり遊びなさい！」

小学生の息子は独りっ子らしく、遊べと言われても相手もいないので、波打ち際でばしゃばしゃ跳びはねていた。

「ほらほら、しっかり遊びなさい」

息子はますますヤケクソ的にはね回り、意味もなく水をすくっては空に撒《ま》き散らした。

私はそれを見ながら、なんだか悲しいぞ日本人、と思ったのである。

どうしてこうなってしまうのか。考え方がどこか間違っているのではないか。

しかし、私にはその親子を馬鹿にすることはできない。私だって同じなのだ。必死で台風で失った三日間を取り戻そうと考えている。何かが狂っているのだ。私は青い海を眺めながらそんなこと考えて、しばらく落ち込んだ。

現代日本の矛盾について考えはじめれば、言いたいことはいくらでもある。学校教育の問題や官僚の不正、地震に対する防災対策は十分なのかヤドカリは泳ぐのかなどなど、政府はもっと真剣にやってもらいたい。

特にヤドカリ問題は先程からの懸案であるし、さらにこのへんではイカが泳ぐところも見られるという話なので、私は即座に水中メガネを装着しフィンを履いて、真剣シュノーケリング態勢に入ることにする。余計なことを考えている場合ではない。早くしないと正月休みが終わってしまうのである。

エキゾチック近所

旅行好きの私としては、最低でも月に一度ぐらいは旅行したい。しかしサラリーマンである以上、海外どころか国内にもそう頻繁に旅行できなかった。普通はそれが当たり前なのだが、私には悶々とした日が続いたのである。

で、そんなときは仕方ないから、近所の散歩で代用した。ただの散歩ではあるが、なるべく旅の感じを味わうために、近所といっても行ったことのない一帯へ向かう。さらにぶらぶらしているだけでは何も感じないので、なるべく丁寧に景色を見ながら、小さなことに旅情を感じるよう努めるのだ。

あるとき、舗道脇の植え込みに花が咲いていた。花なんか全然興味なかったのだが、丁寧に見る決まりだから、近寄ってよく見た。

花はやたら原色を使っていた。しかもおしべめしべに接近してじっくり見ると、ベネトンもかなわないぐらいの、嘘みたいにビビッドな柄である。遠目に見てなんとなく想像していたのと全然違う。私の知らないところでこんなことになっていたのか、と驚いた。そしてそのとき少し旅の感じがした。

そう考えてみると花だけでなくて、いろんな小さなものがそこらじゅうで凄いんじゃないかと思いつき、樹を見上げ、石を転がし、草をむしった結果、まずは樹の名前から始めようと思ったのである。

持ち運べるコンパクトな樹の本を買い、家の前から街路樹を調べて回った。

いきなり、プラタナスがあった。

そうかこれがプラタナスか。かねがね噂は聞いていたが、プラタナスとはいつも見ているこの樹であったか。

いい年をして今までプラタナスも知らなかったのである。名前からしてもっと上品な樹かと思っていたら、迷彩服の戦闘員みたいな力強い樹である。それに何かキンタマのようなものが、たくさんぶら下がっていた。実らしい。

近くの公園にあった樹を調べてみると、それはユリノキという名前だった。百合ではない。葉がやっこさんのような形をした街路樹だ。こんな間の抜けた形の葉っぱがあるのかと驚いた。

それならあの樹は何だ。近所の駐車場にある、先っぽがひねくれたソフトクリームのような、燃える炎のような、うんこの先っぽのような形をした、どこでもよく見る緑濃い樹は。

調べてみるとそれはカイヅカイブキというのだった。

おお、カイヅカイブキ。聞いたこともない。

日本中どこへ行ってても生えていそうな、あの顔馴染みの樹がカイヅカイブキとはおそれいった。こんなに馴染みなんだから、名前を聞けば、ああ、これが……、とくると思ったら、今まで生きてきてまったく接点のなかったぎこちない響きである。外国人の名前みたいだ。

私はあまりの違和感に感動し、そのへんにして家に帰った。

樹は私の知らないところで、俄然盛り上がっているようだ。それからもしばらく樹を見に散歩してみたが、ヤシャブシ、シャリンバイ、ニセアカシアとちょっと歩いただけで、それはもう一体今までどこに隠れていたのかと聞きたいぐらい、どこにも隠れてなかったんだけど町は大賑《おおにぎ》わいなのであった。

身近なところでもまだまだ旅はできるのだ。

さらにそれとはまた少し違うが、以前海外旅行から帰って来たときに考えたのは、もし自分が初めて日本に来る外国人だったら、という空想である。空港から電車に乗って、ああ知らない国だアジアの国だと思って日本を見てみた。

外国人として見る日本の都会は汚かった。全体に灰色で統一感もない。

「ニッポンノワビサビ、ドコニアリマスカ」とまず疑問に思った。さらに「ニホンゴ、ムツカシネ」とか「ノータカイ、ヤスイヤスイ」とかいろいろ思ったが、そんなことよりびっくりしたのは、田んぼの中に建つ一軒家の瓦屋根が、髪の毛に見えたことである。

家は顔で、屋根が髪なのだ。

切妻屋根がポマードでべったりとなでつけた頭髪に見えた。田んぼの中に、巨大な人間が埋められて顔だけ地面から出し、その髪形がべったりとオタクのような感じになっている、そんなふうに。

大発見であった。何の大発見かわからないけど、凄い発見だと思った。成田空港から都内までの間に、たくさんの巨人が埋められていた。

それから、雑踏の中で日本語の会話を意味がわからないつもりで聞く、というのも試してみた。そうすると、韓国語と音の感じが似ていた。

匂いなんかも気をつけてかいでみると、車の排気ガスの中に、バンコクの匂いが混じってたりした。

とまあ、そんなこんなで、旅の感じは思わぬ身近なところにも隠れていることがわかったのである。おかげでしばらく海外旅行に出なくても耐えられるようになったかというと、そんなわけないだろう。ますますじっとしてられなくなって困っただけである。

退職

私は、九年と三カ月の間勤めた会社を辞めた。

仕事熱心ないい人だったのに本当に惜しいことをしたものであるが、辞めた理由はズバリ、旅に出るためである。何を寝ぼけたことを言ってるんだ、いつまでもそんな浮かれ気分でどうする、と上司に説得されるかと思ったら、そうか、じゃあがんばれ、とあっさりと送り出してくれ、むしろ少し喜んでいたようなのはどういうわけだろうか。有能な社員が抜けて残念じゃないのか。考えるに上司は、いつか優秀な私に追い抜かれることを恐れていたのに違いない。

さて、とにかくこれで旅に出ることができるようになった。これからは、生活の心配を抜きにすれば、何も心配することはない。そこで、いつか会社なんか辞めて旅に出たいと思っている人の参考にでもなればと、辞めるまでの経緯を書くことにする。

そもそも私の海外旅行は学生時代に一人で中国へ行ったことから始まる。卒業旅行も一人でネパールへ行き、卒業式もカトマンズで迎えた。お世話になった教授への謝恩会もあったが、それは目を閉じて心の中で感謝した。

入社したのは出版社だったが、このとき出版関係でコネつけて何とか旅行できる身分になろうというような野望は全然なかったのである。むしろ社会人になった時点で、もう定年退職するまで長い旅はできないだろう、なんとかわいそうな私であることよ諸行無常の鐘の声、と思い、盛者必衰の理《ことわり》をあらわしたのだった。ただ本当は、辞められるものなら辞めて、いつの日か放浪の旅に出ようと心の底で思っていた。

入社してさっそく、素晴らしい有能社員ぶりを発揮したことは言うまでもないが、仕事とは別にプライベートで、山の会というものに入った。その会は山関係の雑誌で見つけたのだが、それまで私は山岳部にいたわけでも山に興味があったわけでもなく、むしろたぶん海が似合う男と呼ばれていたはずであり、みんなも私を海の男と呼んでくれていっこうに差し支えない。一体私のどのへんが海の男なのか、と言う人があるかもしれないが、総合的に海の男である。根拠があるのかと言うなら、髪がちょっと茶髪だ。

話がそれたが、とにかく私は入社してすぐ、山の会に入った。どこかのんびりした場所へ行きたかったということもあるが、同時に山の本格的な知識を覚えれば旅行に役立つのではないかと思ったのである。実際には長い旅行に出る予定などなかったが、どこかでそういう発想をしていたのだった。

事実、山の会で学んだことは多い。厳しい雪山などにも行ったことで、私がやはり海の男に適していることなどもわかった。

そんな中でも特に有意義だったのは、ウェアに関することである。どのぐらいの寒さにどのぐらいのウェア、そしてトレッキング等へ行く場合、軽くてコンパクトで防寒にもなるウェアは何か、そういう知識と勘のようなものが身についたのだ。

それまでは、トレッキングは男の真剣勝負であり、旅行とは全然違うのであって、装備なんかも本格的でなければならず、必ず膝《ひざ》までしかない灰色のズボンを穿かなくてはいけないし、さらに髭《ひげ》ものばし、大声で古い歌を歌い、できれば南米の謎の楽器とかも吹いたり弾いたりするのが望ましいと思っていたが、実情はだいぶ違って、山のウェアなんかはかなり派手でカラフルになっているし、スタイルも人それぞれで、私もカジュアルで素敵な山の男を演出してみたりした。

寒さに対処するのに最も大切なのは肌着だということも知った。普通の綿のTシャツではなく、クールマックスなどの素材を利用したシャツを着れば、汗もすぐに乾いて体力の消耗も抑えられ、もちろん洗濯後もすぐ乾くから便利だとか、そういうことである。実は何も山の会に入らなくても調べればわかることなんだけれども、とっかかりさえなかった私にはそれでかなりの勉強になったわけだ。

ついでに言うと、暑い地方を旅行するのに欠かせないのはシュラフカバーだということも発見した。

シュラフは持たずにこれだけ持って行く。これがあればどこでも寝られる。実際は宿に寝ることがほとんどだから布団がきれいならあまり必要ないが、南の国のゲストハウスの布団はベトベトすることも多いし、たまに現地の家屋で納屋に泊めてもらったりするときに使える。そして何よりうれしいのはこれに入れば外に出ているのは顔面だけなので、南京虫などの被害に遭いにくいことである（顔面については気合いで乗り切る）。シュラフよりはるかに軽いしコンパクトだから大変便利だ。

まあ、そうして山の会でさまざまな知識を吸収した結果、旅の荷物の効率化と軽量化が可能になったわけである。

さて、入社して一、二年すると給料にもやや余裕ができて、たまの休みには旅行に行けるぐらいになり、私は一年に三回ある大型連休のほとんどを海外旅行に費やした。はじめの頃はカレンダー通りにおとなしく休んでいたが、だんだん調子に乗って有給休暇を使って土日から次の土日を繋《つな》いで九連休、さらに勇気を奮ってさりげなく十連休、そしてあくまでも目立たないよう十一連休、という具合にぐいぐいと度を越していった。

しかしそれで満足するかと言えばそんなことはない。サラリーマンの休む時期はみな同じだから航空券は高いし、ちょっとディープな場所へ行くには時間が足りない。やはりここはどぉーんと辞めて、一年間放浪とかそういうことをしたい。ああ、旅に出たい。会社なんか辞めて世界を巡りたい。

けれども、会社を辞めるにはその後の生活の糧《かて》をどうするかという問題がある。旅先で会った人は教職免許を持っていたり、整体や鍼灸師の免状を持っていたりと帰っても何とかやっていけそうな人ばかりで、単なるサラリーマンの自分には参考にならない。旅行記を書いて印税で暮らすという計画も思いつきはするのだが、実際にはそれで暮らすのはほとんど無理と人に聞いた。デザイナーとか職人芸路線を行く人も、やっぱり参考にはならない。私にできる芸といえば、ゾウさんとか、チョンマゲぐらいである。しかも、チョンマゲは一人ではできない。そんなわけで、どうやって食っていくのか、というのが私の最大の課題であり、次いでチョンマゲが少し小さ過ぎるのではないか、というのが心の課題だったのである。結局、この生活の糧問題については考えても無駄だ、普通の会社に再就職するしか方法はない。という結論が出た。

出たけれどもやっぱりなかなか踏ん切りはつかないのである。どうしてこんなに小心者に生まれてしまったのか。小心なだけではない。やたら細かいことに気がつくし、正直で裏表のない性格でまったく困ったものだ。

そこで、このままサラリーマンを続けていった場合と辞めて旅に出た場合の双方をシミュレーションしてみると、辞めない方が思いっきり安全である。このまま結婚なんかして子供までできたらますます大変だ。考えれば考えるほど否定的な結果ばかり見えてくる。

だがしかし、である。人生一度きりである。やりたいことがあるならやらずに後悔するより、やって後悔しろとは、誰か知らんがよく言ったもので、よく言った。

数年前のことだ。イスタンブールのホテルモラのドミトリーで日本人の石工に会った。四十歳独身。一年のうち九カ月は働き、三カ月は旅に出る生活を続けているとその人は自己紹介した。

「九カ月だけでやっていけますか」と私は聞いてみた。

「独身だから十分やっていけるよ」

「寂しくはないですか」

「昔は寂しい気もしたが、もうふっ切れたね。セックスのことなら女友だちがたくさんいるし」（プライバシー保護のため音声は変えてあります）

私がうらやましくなって自分の迷いを話すと、その人は、

「あなたもう結論は出てますよ」

と言った。もう辞めるつもりで相談しているのだろう、というわけだ。

さらに飛んで太平洋のポナペという小さな島。ホテルに二年間住み込みで働いている日本人夫婦に会った。まだ二十代のようだった。

「ダイバーなんですか」

「いいえ、ライセンス持っていません」

「どうしてこんな辺鄙《へんぴ》な島で働いてるんですか」

「しばらく日本で働いてみたけど、みんな何だかんだ言って会社に頼って生きてるように見えて、肌に合わなかったんです」

とその夫婦は言った。会社辞める決断なんて簡単なことのように聞こえた。

その頃の私はそんな旅先で会う人の人生設計を聞いては、自分の身に引き寄せて考えていたのだった。

そしてついに私は決心した。

たいした将来計画もないままだったが、これだけ悩んでいるのだから旅立たなければ一生後悔すると思ったのだ。どういうタイミングでふっ切れたのか思い出せないが、ふと気づくと迷いはまったくなくなっていたのである。

辞めたとき、というか、辞めますと上司に言ったとき、どんな気分がしたかというと、不安とか心配とかそういうことではまったくなく、やった！　これで旅に出られるという解放感があるだけだった。同時にこっそり準備していた旅行記の出版も実現し、何だかいきなり事が運んでいった。

ついに私は、一皮むけたのである。チョンマゲも大きく羽ばたくだろう。今は解放感と清潔感でいっぱいだ。ざまあみろ。

ここで一応、念のために言っておくが、私が仕事中も辞めることばかり考えていたように思ってはいけない。在職中はもちろん仕事をきちんと真面目にやっていたのであって、何も仕事そっちのけで旅行ばかりしていたわけではない。これが旅行に関連するエッセイだからそればかりしてたように見えるのだ。職場での私の認知が〝旅行ばかりしていた〟のではない証拠に、同僚からの送別のプレゼントは旅行に関係ない妖艶緊縛写真集だった。青年の純粋な一面がうかがえる話じゃないか。表紙の子が特にナイスだ。

今まではウジウジ悩んでいるようなことを言っていたが、実はこうなることは最初からわかっていた。何しろ決断力の私である。決めるときはスパッと決める男だ。実際、占いにも木星人は大器晩成と書いてあったし、姓名判断でも粘り強く夢を実現する性格と言われたし、雑誌の西洋占星術でもいい結果が出ていたし、手相も結構いいみたいだ。

仕事のことは旅から帰って考えることにする。真面目な私のことだから大丈夫に違いない。会社でも私の熱心な仕事ぶりには定評があり、我ながら頭が下がる思いであった。頭が下がり過ぎて、机にしばらくうつぶせになっていたこともしばしばだ。寝てたんじゃないのか、と言う人がいるが、それは思い過ごしというものである。よだれが出ていたのは、そういう体質だ。そもそも正確には私はうつぶせになっていたのではない。あれは顔で電話のボタンを押していたのである。

とにかくこうして私はついに旅立つことになったわけだ。感無量だ。めでたし、めでたし、である。

『これはまさに人類の歴史始まって以来最高に素敵でめでたい事件だ』（ニューズウィーク）と各界も絶賛している。

……ように私には思えた。

第2部　旅立ちと陰謀

それからの私

会社を辞めるぐらいのことは、傍《はた》から見れば、今どきたいした事件ではないが、本人にしてみるとちょっとした一大事である。何よりも収入がなくなるのが痛い。

私としては退職したぐらいのことで、給与の振り込みが打ち切られてしまうのは感心しないし大いに遺憾であるが、それが世間の常識である気もする。だがそれより本当に遺憾なのは、退職してからも住民税がガンガンかかってくることで、私は六月に退職したが、その年いっぱい税金を払わされただけでなく、収入のまったくないその翌年にもどーんとナマハゲのように振込用紙が送られてきたのである。おかげで退職して一年半もの長きにわたり、私は一方的に税金を振り込み続けたことになる。何でもこれは、入社一年目に支払わなくてよかった分を退職後に払っている理屈らしいが、私は一年半払い続けたのである。おかしいではないか。

おまけにただ生きているだけでもずいぶん金がかかる。これでは貯金も予想外の早さで目減りすると思われ、いつまでも旅行してないで、さっさと社会に復帰しなければならない感じである。考えるだけで頭が痛い。痛いけれども、しょうがない。

　もちろん今後一切働きたくないというわけでもない。一度社会に出た人間として世の中の厳しさもよくわかっているので、長い旅さえできたなら後は贅沢は言わず、また働くつもりだ。さんざん外国でぶらぶらしてきた私をVIP待遇で迎えてくれて、しかも仕事は簡単で、収入は普通のサラリーマンぐらい確保でき、かつちょっと尊敬されたり、女にもてたりするそんな一流会社なら文句なく再就職し、控えめに働く覚悟はできている。あるいは小さな会社でも、将来有望なベンチャー企業から役員として迎えたいと言われれば、謹んでお受けしてもいいとまで思っている。

　このように私はやる気だけはあるので、帰国後はそれで乗り切っていくしかないだろう。とにかく、今さらガタガタ言っても仕方がない。もう辞めてしまったのだ。心配はこのへんにして、出発へ向け、話を加速することにする。


旅……。人はなぜ旅をするのだろう。

なんてことはまったく知ったことではないけれども、長い旅に旅立つに当たって私がひとつ懸念していたことがある。

　体力だ。

何しろ何カ月も旅行するのは、今までサラリーマンであった私にとって、初めての経験である。とりたててハードな旅をするつもりはないが、長旅は思った以上に体力を消耗すると考えられる。しかもサラリーマン時代は深夜残業の連続で、仕事から帰って床に就いても、気が張っているせいか神経質な性格のせいかなかなか寝つけないことが多かった。夜遅くに食事を摂《と》るため、ベッドに入っても腹が張って重たく、それも眠れない一因となった。おかげで翌朝になると腹がこなれて仕事中はよく眠れた。

私のいた会社では、毎年春に体力測定が行われており、そこでは自転車を漕《こ》いで持久力を測定するのだが、たしか三年ほど前、ふらふらになって漕いでいると、限界点を超えたのだろうか、ふとペダルが軽くなったので、

「おお、これはランナーズハイだ。私の底力が目覚めたのだ」

と思い、

「さすがむかし鍛えただけのことはある。残業なんか屁でもないぞ。世の軟弱な男とは出来が違うのだ。うりゃうりゃ」

とぐんぐん加速してみたが、なんだか自転車がピーという音をたてており、インストラクターが集まってきた。私の凄さを一目見ようと集まってきたのかと思えばそうではなく、心拍数が上がって危険信号が出たため測定中止になっていたのだった。

それ以来、私の持久力は十段階評価でずっと一である。世の軟弱な男とは私のことであった。

ただし私の名誉のために付け加えておくが、それはあくまで持久力に関してだけのことで、例えば体前屈では指先が地面に届かないなど、硬派な一面も見せている。

私は旅に向けて体力を増進すべく、短い期間だが、フィットネスジムに通うことにした。退職前から、仕事は二カ月近い有給休暇の消化期間に入ったので、平日の昼間だけ利用できる平日会員（会費が安い）になり、週五日毎日通って一気にバージョンアップする作戦である。

あくまで目的は体力の増進なので、つくってもらったプログラムはムキムキの筋肉をつけるのではなく持久力アップが中心だ。

ざっと説明すると、まず最初に軽くプールで三キロぐらい泳いでウォーミングアップとする。そのあとベルトコンベアみたいなマシンで五キロほど走って汗を流した後、今度はストレッチで体をほぐして柔軟性を高め、しばらく休憩してから、最後に十キロぐらい走れば本望である。だが、他の客とのバランスもあるので、一日に走る距離は全部で三キロ程度とし、そのぶん水泳面で、プールに似たジャグジーバスにできるだけ長くつかるというハードな内容に変更した。さらに灼熱のサウナに出たり入ったりするという、より厳しいメニューも自主的に追加した。トレーナーにエアロビクスも勧められたが、エアロビ専用のフロアに見学に行くと、みんな激しく動き回りながら笑っていたので、これについては怖くなって帰ってきた。

とまあ、大体このようなトレーニングを自分に課し、これを土日を除く週五日のうち、用事のある日、雨の日、寝坊した日、気分が乗らない日以外は毎日続けたわけである。やはり毎日続けることが何事も大切である。

実際、根気よく通い続ければ、インストラクターの女性に顔を覚えてもらったり、受付の女性とだんだん打ち解けるなど、めざましい効果が期待できる。一方でそうなると、みんなが五キロ十キロ走っているのに自分だけ三キロしか走らないのではかっこ悪く、いきおい走る距離が長くなるというデメリットや、プールへ行けば今度は別の女性インストラクターが水着で監視しているので、水の中で逆上してしまい、泳ぐどころの騒ぎではなくなるというメリットもあったが、それはフィットネスジムに通う以上は避けて通れない問題である。もちろん私は常識ある社会人なので、プールで逆上したときは、冷静に隣のコースを泳いでいるブヨブヨのおばはん等を凝視して気を静めた。

何のためのフィットネスジムだったか忘れてきたが、とにかくこのたゆまぬ努力のおかげで、私はかなりの体力を取り戻したように思えてならない。

男のテレビデビュー

会社を辞めてすぐに長い旅に出なかったのは、私の初めての本『旅の理不尽』の発売を待っていたからであるが、実は本が発売になっても私はまだ出発できないでいた。サラリーマン時代の疲れが出たのか、体力回復のための激しいトレーニングがたたったのか、体調を崩し入院してしまったのだ。

肝炎である。何で旅に出る前から肝炎にかからねばならんのか。

幸い二週間弱で退院できたが、医者の話ではしばらく疲れることはやめなさい、とのことで、さらに半年ほど日本で悶々とした生活を送らなければならなくなった。

入院中は、苛立《いらだ》ちを静めるため、六人部屋の病室内を薄目で見回し、ここはドミトリーだと強引に錯覚して、どうだ旅の気分がするじゃないか、と自分を慰めようとしたが、ここの旅人たちは毎朝点滴するので、それで現実に引き戻されてしまうのだった。だが、これは私も同じなので文句は言えない。

その点滴についてだが、あるとき、点滴の管を通って大きな泡が私の中に入っていった。

血管内に空気の泡が入ったら問題あるんじゃないのか。気になったので、よくよく見ていると、私の点滴の管にはいつも泡が混じっていて、大きいものだと二センチぐらいの場合もあった。心配である。看護師の供述によれば、

「ちょっとぐらい死にゃしないわよ」

とのことであるが、ちょっとぐらいではない。明らかに不当な量である。

「ほら、これなんか、相当でかいじゃないか」

と指摘すると、

「ああ、なるほど大きな泡ね」

と納得していたぐらいだ。そして、ふたりで注目する中、その泡も私の中に入っていった。見てるだけか、おい。

このまま死んで旅行できなくなったら、巨大な泡になって病院も看護師もみんな呑《の》みこんでやるぞ、と思ったが、幸い何事もなかったので、泡になるのはやめたけれども、まったく入院とはついてない。

結局、退院してから数カ月、会社を辞めてからは一年近くがたった頃、ようやくドクターストップも解けて旅立てることになったのであった。ずいぶん時間がかかってしまったが、ひとまずは、めでたし、めでたし、ということであろう。

さて、ここから先の話は『東南アジア四次元日記』文春文庫より絶賛発売中（本人談）に書いたので、この場では書かない。かわりに、唐突ではあるが、この原稿を書いている現在、私がテレビデビューに向けて着々と歩みつつある件について報告したい。

実はこのたび、TBSの「NEWS23」で自費出版ブームを取り上げることになったらしく、『旅の理不尽』を自費出版した、偉大な私を取材させてもらいたいという申し込みがあったのだ。

そうかそうか。ついに来たか。苦節十五年、今まで演歌一筋にがんばってきた甲斐があった。あるいは、雨の日も風の日も一日四十キロの走りこみを欠かさなかった甲斐とか、ファッションにはいつも気を配ってセンスを磨いてきた甲斐とかいろんな甲斐があったが、実際のところは、出版社がひまそうな私に白羽の矢を立てただけである。それでも、他に何人もいるであろう本を自費出版した人の中から私が選ばれたのは、高貴な人柄のせいと言っていいだろう。さらに容姿や服装のセンスも重要なポイントだったに違いない。何しろテレビに出るのであるからな。

もちろんテレビに出るぐらいのことで大騒ぎするような私でないことは、読者もよく理解してくれていると思う。何も恐れることはない。私はいたって平常心で臨むことができる。

そして実は、今日が撮影スタッフが私の家にやって来る日なのである。

昨日の晩は、当然ぐっすり眠れた。おかげで今朝なんかいつもより三時間も早く起きたぐらいだ。そしていつものことだが部屋をピカピカに片付け、自分の持ち物が収納に全部入り切らないことを初めて知った。

テレビ出演ということになれば、まず何はなくとも髪形であるので、朝、洗面でさりげない感じにまとめ、服装も派手過ぎず、かといってダサくもない、いつもの清潔なシャツとズボンを普段通りアイロンを掛けて着た。さらに机の横の本棚には、いつも読んでいる難しい本などを取り揃えたが、少し位置を移動した程度で、それほど不自然な配置換えはなかったと断言できる。だが、そうこうしているうちに、さりげなくまとめたはずの髪形に乱れが生じたため、あらためてほんの数十分ほどかけてやり直した。

約束は一時ということだったが、一時寸前になると小便に行きたくなってしまい、トイレに入っていると、ついにTBSがやって来た。

おお、ついに栄光のテレビカメラ来たる！

私はいたって自然に玄関に迎え入れた。あらかじめこういうことを喋《しゃべ》ってくださいとかいう打ち合わせがあるのかと思っていたら、玄関先からもうカメラが回っており、いきなりチャレンジジョイみたいな展開である。アドリブならアドリブと言っておいてもらいたいが、とにかく、まあどうぞ上がってください。

玄関シーンを撮ったら、さすがにいったんカメラを止めて打ち合わせがあるだろうと思ったら、それもないままにカメラはずーっと私を撮り続け、そのまま女性リポーターから突っ込んだ質問をされて、思わぬ急ピッチで事は運んでいく。

実はこの件について『旅行人』の蔵前編集長に、今度テレビの取材が来ることになったんです、と事前に報告したところ、

「テレビに映るときは低姿勢だと縮こまって映ってしまうから、さりげなくふん反りかえれ」

と貴重なアドバイスをもらったため、椅子に座ったまま背筋を伸ばして喋る練習もしていたのだが、椅子に座る前から予定外の攻撃である。私は机の前で、立ったままふん反りかえろうとしたが、かえって棒立ちになってしまった気もする。

だが肝心なのはここからだ。この機会に『東南アジア四次元日記』を宣伝しよう、『旅の理不尽』も今一度宣伝しようと、表紙のラフレイアウトや実物の本などを用意していたのだ。

なかなかそれを手にするタイミングがなかったので、さりげなく手を伸ばしてカメラの視野に持ち込もうとすると、カメラがそっちにぐーっと寄ってきた。おお、思わぬラッキーな展開である。あまりの順調さに、ちょっとインタビューに答える声がうわずったりしたが、サブリミナル宣伝作戦はこれで成功した。

そうこうしているうちに、実際に書いているところを撮らせてください、と言われ、椅子に座ってワープロを打ってみせることになった。そこで私の高度なワープロ打法を披露して目にもの見せようと思ったが、どういうわけか、いつもは滑《なめ》らかなキーボード操作がカクカクして変な文字を打ってしまう。どうしたんだ。ワープロの故障ではないか。それをカメラがぐーんとクローズアップしたため、意味不明の文章が撮られてしまった。不覚である。

さらにカメラは、文字校正しているところも収録した。『東南アジア四次元日記』の原稿をめくりながら誤字脱字のチェックをする自然な私が、ここでもバッチリ映ったはずである。チェックにしてはページをめくるスピードがずいぶん速かったが、それがかえって男らしさを醸し出していたと思う。

とにかくこのように、私のテレビデビューは大きな成果を挙げつつ終了した。

今後、ドラマの依頼などが殺到するかと思うと頭が痛い面もあるが、『東南アジア四次元日記』の宣伝ができたので満足である。

旅立ちと陰謀

海外旅行は好きだが、海外旅行に出発するのは嫌いだ。

なぜなら、まず旅行出発当日、午後の飛行機なのに、なぜか朝六時起きである。どうしてそんなに早いのかよくわからない。時間を計算すると、どうしてもそうなる。どこかで時空がねじ曲がっているとしか思えない。

で、二時間前に空港に着いて、チェックインがまた嫌だ。できるだけ短い列に並んだと思ったら、先頭の人がツアーの添乗員で、パスポートを十冊ぐらい持ってたりする。がっくりである。さらにやっと自分の番まであとひとりという段階にきたところで、今度はカウンターの人がいきなり立ち上がり、ベルトコンベアを乗り越えてどこかへ消え去ってしまったりする。わざとやってるだろう、こら。

それでもどうにか飛行機に搭乗でき、ようやくホッとするかと思いきや、飛行機は怖くて狭いうえに退屈で、もともとろくなものではない。仕方なく映画でも観ようと機内誌でチェックすると、観たいアクション映画は大抵よその便で、うちのはホームドラマみたいな全然知らない地味な映画である。老人の淡い恋物語だったりして知ったこっちゃない。おまけにイヤホンは片方聞こえないし、きれいな方のスチュワーデスは向こうの列だ。誰かの陰謀ではないか。

目的地に飛行機が着陸すると、シートベルトのサインが消えるまで座っとれとアナウンスが言っているのに、さっさと立ち上がって出口へ急ぐ人がいる。何でそんなに慌てる必要があるのか、エチケットもマナーも何もあったもんじゃないと言いたいところだが、イミグレーションで出遅れそうなので私も立ち上がる。不本意である。

そして、入国審査。

国によってこれがやたら面倒くさい。特に私の並んだ列は進むのが遅いという法則がある。イライラするから進みの速い隣に並び直すと、今度はさっきまでの列がいきなりぐんぐん進み始める。高速道路の渋滞でも私は車線変更しまくって、どんどん後ろに下がっていく傾向がある。いつもそうなので、列という列は誰かが私の位置を見ながら調整しているとしか思えない。

それでもともかくイミグレーションを抜け、ようやく大丈夫かと思うと、これがまだそう簡単にはいかない。

バゲージクレームがある。

通常、バゲージクレームのベルトコンベアが動き出しても、私のザックはすぐに出てこないことになっている。どういうわけかそう決まっている。特に私のだけ人一倍遅い。

おかげで空港を出てホテルを探しに向かう時間はずいぶん遅くなる。荷物が早く出てきた人にくらべれば、バスの一本や二本は乗り過ごしているだろう。ベルトコンベアの一巡目に私のザックが出てきたら、それは天変地異の前触れと思っていいのである。

しかし待つしかないので、黙って流れてくる荷物を目で追う。

私の観察によると、はじめに出てくるのはスーツケースである。稀《まれ》にボストンバッグから、ということもあるが、ザックからということはほとんどない。荷物には序列がある。汚らしいザックは後回しにし、なんとなく飛行機をよく利用しそうなスーツケースから出して印象を良くし、またのご利用をお待ちするのだ。汚いザックなんか、ひとつぐらいなくなったって、どうってことないと敵は思ってるに違いない。

昔、私のザックはまだ来ないのに、目の前をサーフィンボードみたいなものが流れていったことがあった。スーツケース、ザックときてサーフィンボードならわかるが、スーツケースの次に、ザックを差し置いてサーフィンボードとくるのはどういう了見か。優先順位がおかしいのではないか。

まあ、そのへんはサーファーにも言い分があろうけれども、さらに目の前を汚いダンボール箱が通り過ぎて行ったときには、さしもの私もキレそうになった。悔しさのあまり、ベルトの上に正座してぐるぐる周回しようかと思ったぐらいだ。実際ベルトコンベアは上に正座してぐるぐる回るのにちょうどいい幅とスピードである。一定速度の乱れぬ動き、曲がるときのゴムの重なりの自然な変化、どう見ても人に座ってもらいたがっているとしか思えない。カーブも緩やかに曲がっているので、そのへんも人に優しい。既に、成田空港第二ターミナルでもゴム暖簾《のれん》の向こう側を回ってきた人が五人はいると聞いている（ウソ）。

……などとどうでもいいことを考えて時間を潰《つぶ》していると、ようやく私の荷物が、全然やる気のない感じで出てくる。「なんだ、まだいたのか」とでもいうような態度である。自分の荷物にまで馬鹿にされて、やってられない。

こうしてみると、海外旅行への出発は、本当にろくなもんじゃないことがわかる。なるべくなら出発せずに海外旅行に行きたいものだが、冷静に考えてみると、諸悪の根源は飛行機にある。以上の問題は全部、もとをたどれば、飛行機を利用することによって引き起こされているではないか。すべて航空会社の陰謀だったか。

そういえば昔、スチュワーデスと合コンしたことがあったが、あのときも「じゃあ今度一緒に遊園地に行こう」と固く約束したのに、あれはどうなったのだ。

おお、今気づいたぞ。すべては航空会社が裏で……。

リムジンバス、それはバス——前編

インドへ行った。

インドと言うと、私は苦々しい思い出がある。

今をさかのぼること八年前、アグラーで宝石屋にだまされたのだ。

この店で宝石を買って日本に運んでくれたら日本で三倍の値段で買い取る、君はおおいに儲かるであろう、それはそれは大ラッキーな君に幸あれ、とかなんとか言われ、五百ドルもの大金を支払って日本に帰ると、渡された住所にそんな店は存在しなかったのである。住所は東京都台東区御徒町《おかちまち》となっていたのだが、台東区に御徒町という地名がなかった。御徒町という駅はあっても、御徒町という地名はないのだ。ふざけてはいけない。もともと台東区などほとんど行かないくせに、そういえば御徒町駅のあたりに宝石屋がいくつかあるな、ということをなぜかうっすら知っていたせいで、かえって引っ掛かってしまった。うっすらした記憶は災いのもとである。

おかげで私もあれから慎重になり、その後は教訓をいかしてタイでだまされ、トルコでボラれ、パキスタンで不当に高いタクシー代を払ったり、中国では半ぱなバスチケットをつかまされたりして大いに気を吐いている。

そのインドである。

今回デリー国際空港に降り立った私は、最大の関門は空港にある、と踏んでいた。どの国でもそうだが、空港というのは癖のあるタクシードライバーやうさん臭いガイドなどが大勢たむろし、無垢な旅行者をカモにすべく手ぐすねひいて待ち構えている。インドの首都デリーの国際空港ともなれば、それはもう大変な騒ぎに違いない。到着ロビーには極悪ドライバーが津波のようにどっぱんどっぱん打ち寄せているであろう。観光地での怪しい話は無視すればすむが、空港から市内へは必ず行かなければならないから、うっかりするとそんなのに引っ掛かる可能性がある。ここは気を引き締めて、最高レベルの警戒態勢で、いざ公共のバスにたどり着かん。

と思ってイミグレを出たら、到着ロビーはガラガラだった。津波どころか、全部で十人ぐらいしか人が待っていない。さざ波以下である。どうなっているのか。極悪ドライバーはどこへ行った。この八年間にインドも変わったのであろうか。

よくわからないままにとりあえず市内へ向かうバス停を探して歩いて行くと、プリペイドタクシーや旅行会社などのカウンターの中に「リムジンバス、リムジンバス」と叫んでるところがあった。これがバスのチケットを売るカウンターであろう。

カウンターには何の表示もなく、タクシーのところにはタクシーときちんと書いてあるのに、なぜかここはバスと書いていない。その点に疑問もないことはないが、いちおうは空港のきちんとしたカウンターであるし、インドだから表示なんか壊れたりもとからなかったりいい加減なことはいくらもあるだろうと私は考えた。肝心なことは、叫んでいる男がカウンターの中にいることである。悪い奴はそんなところで待ちの営業をしているはずはなく、大抵カモを他に取られまいとしてぐいぐい旅行者ににじり寄っては腕のひとつも摑《つか》み、決して逃すものかという必死の攻撃を仕掛けてくるものだ。

私は信用してカウンターに近寄り、デリー市内までバスチケット一枚、と申し込んだ。するとと男はバスのところまで連れて行くから来い、とカウンターの裏を回って外に出てきて、私を先導して歩きだした。

ついて行くと駐車場に出、そこに大きなバスが停まっていたが、それはツアーバスである。男はツアーバスをやり過ごし、その裏の白い乗用車のところへ私を案内した。

「リムジンバス」

男は乗用車を指さして言った。

頭がおかしいんじゃないのか。これはどこから見ても乗用車の形であろう。

「これはバスには見えないが」

「ノー、ノー。リムジンバス」

「これはタクシーである」

私は言った。

「ノー、ノー。タクシー・イズ・ブラック・アンド・イエロー。ディスイズ・リムジンバス」

確かにインドのタクシーはボディが黒で屋根が黄色い。しかし、だからといってこれはバスとは言わないだろう。

「今日は客が少ないから、バスは出さないのだ。これがリムジンバスだ。俺を信用しろ」

と、まくしたてる男の英語を要約するとそういうことであるらしい。

怪しい。

インド人が「俺を信用しろ」と言うとき、それは「俺のカモになれ」という意味だ。

「いいや、これはタクシーだ」私は強い口調で言い返した。

「だからタクシーは黒と黄色だって言ってるじゃないか。これが黒に見えるか、これが黄色に見えるか。今日はこの車をバスに使ってるんだ。本当だよ」

「タクシーは高いから乗らない」

「これはリムジンバスだから高くない。タクシーは普通二百五十ルピーだが、これは五十ルピーで市内まで行く」

「バスは三十ルピーと聞いているが」

「ノー、ノー。バスは五十ルピーだ。値上げしたのだ」

ますますもって怪しい。五十ルピーぐらいの金額は別に惜しくないが、何か裏がありそうな気がする。

私はどこかに本当にバスがあるだろうと思い、男を捨ててそのへんを歩き回ってみた。しかし停まっているのはツアーバスばかりで、三十分に一本あるという市内行きのリムジンバスはどこにも見当たらない。

「今日は客が少ないからバスは出ないんだ。本当だ」と男は私の後をついてきて言い続ける。

確かに客が少ないのは事実だった。飛行機に乗っていた大半の客はツアーバスに乗り込んでしまったし、残った数少ないインド人乗客たちは金持ちなのか迎えの車が来ていたりして、バスを利用しそうな客は私以外に全然見当たらない。

男は小さなカードを取り出して私に見せ、

「見よ、ここにガバメントと書いてあるだろう。私は空港の職員なんだ。信用しろ」と言う。

そんなカードはいくらでも偽造できるので、ちっとも信用できない。

と、そこへ別の男が現れた。今度の男は学生かと思われるほど若く、なんだかニヤけた顔付きで、デストロンのテレビバエに似ていた。テレビバエは催眠光線で人間をみな奴隷にしてしまう全然信用できない怪人だ。

「日本人？」

いきなりテレビバエは日本語で言った。これで少なくともこの新しい男が悪い奴であることは確実である。空港で日本語を喋るインド人は例外なく、みんな悪い奴だ。こういうのは相手にしないに限る。私はその男を冷たく無視しつつ、バス停を探してまたうろついた。しかしやっぱりバス停が見当たらない。

なぜバス停がないのか。

わけがわからない。あるいは本当に運休しているのだろうか。国際空港なんだからそんなことはないと思うが、この客の少なさから見ると自称空港職員の言っていることにも一理はあるかもしれない。客のないこの時期、ガソリンを食う大きなバスを運行するより小さな車にしたほうが得だ、とバス会社側が判断した可能性は、ゼロとは否定し切れないような気もしないではない。

私はあらためて自称空港職員に尋ねてみた。

「メインバザールに行きたい。メインバザールも五十ルピーで行くのか」

「もちろんだ。五十ルピー以外びた一文もらわない」

「五十ルピーといったら五十ドルじゃないぞ。ルピーだ。いいな」

「五十ドルではない。正真正銘の五十ルピーである」

　自称空港職員は自分の五十ルピー札を取り出すと、ペンペンと弾《はじ》いてみせた。

「ようし。では五十ルピーで乗ることにしよう。メインバザールだ、いいな」

「メインバザールまで五十ルピーだ」

「OK。行ってくれ」

　私は白い乗用車の後部座席に乗り込んだ。自称空港職員は、空港職員のくせに運転席に座り、自分で運転するようである。空港職員の仕事はいいのか、と思わないことはないけれどもそのへんはアバウトなインドのことであるから、まあそういうこともあるかと思って見逃した。そこまで怪しみだすとキリがない。むしろここで問題なのは、助手席にさっきのテレビバエが勝手に乗り込んできたことである。

　こら、誰も一緒に来いと頼んだ覚えはないぞ。

「お前は降りろ。ユー・ゴー・アウト」

　と私はきっぱりと言った。

　しかし車はすでに走りだしており、なんだかその件についてはうやむやのままに私は自称空港職員とテレビバエと三人でデリー市内へ向かうはめになったのだった。

これは失敗だったかな、と走りだして早々、私は自分の判断が間違っていたかもしれないと思い始めた。助手席に関係ない奴が乗るとき、状況はワンランク怪しいと考えられる。

テレビバエは、日本語で「日本のどこ、トーキョ？　オーサカ？　名前は？」などとなれなれしく聞いてくる。こいつが信用できないのだ。なるべく相手にしないことにする。

そしてひょっとすると最悪の場合、このタクシー、いやリムジンバスがデリー市内へ向かわず、デストロンの秘密基地などに連れていかれる可能性もあるので、デリーの地理なんかまったくわからないけど、とりあえず車通りの多い道を行くかどうか、変な横道にそれないか注意して見ておくことにした。

と言ってるそばから、車は車通りの多い道をそれて、郊外の方へ走っていく。

私の運命やいかに！

なんてのんきなこと言ってる場合ではなくて事態は真剣であっていったん呼吸を整えるため次回へつづく。

リムジンバス、それはバス——後編

私が空港から乗ったリムジンバスというかどう見ても自動車にしか見えない乗り物は、デリー市内に向かうと見せてどうやら郊外の別の場所へ私を運んでいるようであった。

「メインバザールに向かってるんだろうな」

と私は尋ねてみた。すると、

「今日はフェスティバルで、車は市内には入れない」

とテレビバエは言った。

出た。やはり出たな。そんなのは嘘に決まっているのである。仮に本当だとしたら、最初にそう言うべきなのであって、これは明らかに何かたくらんでいる。

あーあ。最初から面倒な展開になってしまった。もっと本気でバスを探すんだったと後悔してももう遅い。

「メインバザールへ行け。そういう約束だ」

私は言ったが、テレビバエは、

「バザール？　デリーにバザールは四つあるんだ」とか言い出しやがって、

「ユー・ゴー・メインバザール」

「ファー・アウェイ（とても遠い）」

と、まったくムカつくことこの上ない。

やはりすべては嘘であった。あれほど警戒していたつもりなのに、まったくどうしてこう簡単に引っ掛かってしまったか。私は馬鹿なのか。それともお人好しなのだろうか。お人好しで、シャイで、はにかみ屋さんで、今どき珍しいぐらい心がきれいなのかもしれない。

が、とにかく今はどうやって彼らを振り切るか考えなければならない。仮に無事振り切ったとしても、その後どうやって市内まで行くかという問題もある。とりあえずこの車から脱出するにはどうしたものかあれこれ思案しているうちに、やがて郊外のどこかわからない街角で車は停車した。そこには小さな旅行会社があった。

「今日は市内には車は入れない。だから郊外のホテルに泊まるしかない。この旅行会社でホテルの手配をするといい」

とテレビバエは言った。

なめてはいけない。すべて嘘っぱちに決まっている。

私はいったんあきらめて旅行会社に入ると見せかけて、即座に荷物を車から担ぎ出し、何も言わずに適当な方向に歩きだした。こんなこともあろうかとザックを車のトランクに預けずに車内に持ち込んでいたのだ。トランクに荷物を預けてしまうと、トランクを開けてもらわないことには動けなくなる。怪しいときはどんな荷物も手元に置くのが基本である。

「待て、どこへ行くんだ」

テレビバエが追いかけてきたが、無視だ。

運よくそこへオートリキシャが通りがかったので、私はそれを止めて「メインバザール」とひとこと言って素早く乗り込んだ。オートリキシャのドライバーは「十ルピー」と答えたようであった。空港や駅で人待ちしているオートリキシャではないから、そうボッたくることもあるまい。私は「ＯＫ」と言って、手でオートリキシャに早く出してくれ、という仕草をした。

テレビバエが私の腕をつかんで、

「マイ・フィフティー・ルピー（俺の五十ルピーをよこせ）」

と言ったが、その手を振り切り、

「ノー・メインバザール、ノー・マネー」

と答え、オートリキシャは走りだした。

何がマイ・フィフティー・ルピーか。悪のテレビバエめ。

しかし考えてみれば、どう見たってあれは乗用車だったのである。それをなぜバスと納得したか。乗用車とバスぐらい幼稚園児でも見分けがつくだろう。我ながら頭がおかしいとしか思えない。

テレビバエと自称空港職員が車で追って来るかと思ったが、私にとっては幸運なことに彼らもそこまでしつこくはないようだった。

「お前はあの車を空港で拾ったのか」

しばらく走ってデリー市内と思われるにぎやかな市街地にやってきた頃、オートリキシャのドライバーが声をかけてきた。

「そうだ」

「空港にいるああいう連中はノーグッドだ」

「そうだな」

まったく彼の言うとおりである。

「お前は日本人か」

「そうだ」

「そうか、それはグッドだ。俺は日本人が大好きだ。日本人の彼女もいるんだ」

そんなことはどうでもいいし、よくある話であるが、何にしてもテレビバエよりはましなので聞いていた。

「彼女の名前はレイコというのだ」

そうかそうか。

するとドライバーはオートリキシャを道端に停め、座席の下の方から小さな箱を取り出すと、中から写真と手紙を出して私に見せた。そのレイコという女性からの手紙には、短い英語の文章の最後にI love youと書き添えてあり、ホテルのベッドの上で撮った二人の写真などもあったが、しかしまあ私には全然関係ないのである。

「ファッキング・オールデイ」

ドライバーは得意げに笑った。いいから早くリキシャを走らさんかい。

と男が、

「で、メインバザールのどのホテルだ」と聞くので、

「まだ決めてない」と答えると、

「俺が安いホテルを紹介しよう、マイフレンド」

「その必要はない」

と言ってるのに、オートリキシャは勝手にそのへんの路地に入り込んでいく。

ん？

どこへ行くかと思ったら停まったところはまたまた小さな旅行代理店の前だ。怪しい。

男はちょっと待ってろと言いおいて、旅行代理店の中からなんだか昭和枯れススキのようなおっさんを連れだしてきた。実のところ昭和枯れススキが何なのかよく知らないけど、ビジュアル的にそういうおっさんだったのだ。

「あなたはどこへ行かれるのです？」

とその枯れススキは言った。

「メインバザールだ」

私は答えた。

「今日はフェスティバルなので、これ以上車で市内には入れません。中は歩行者天国になっています」

おいおい、お前もか。しかもまったく同じネタで。

ちっとも信用できない。絶対に嘘である。そう言って自分たちの息のかかったホテルへ連れていこうという魂胆だ。

「いいや、行けるはずだ。メインバザールまで十ルピーで行く約束なのだ」

私は強い声で主張した。するとちょっと驚いたことに、枯れススキがオートリキシャのドライバーに向かい、突然声を荒らげて怒りだしたのである。

「お前はそんな約束をしたのか、お前もリキシャドライバーなら今日の市内が車両侵入禁止であることぐらい知っているだろう。それなのにこの人に迷惑をかけて、大変けしからん」

ドライバーは顔色を変え、さっきまでのファッキング・オールデイの元気は一瞬にして消えうせて、しょぼんとなってしまった。

なんだなんだ、フェスティバルで通行止めという話は本当だったのか。さっきのテレビバエもそんなことを言っていたから、これも同じ手口かと思って誤解してしまった。フェスティバルだけは本当だったか。そうかそうかそういうことなら、私も意地を張るのはやめて、ここでホテルを取ってもらうことにしよう。

……なんてことは全然ないのだった。枯れススキとドライバーはそれまでは互いに現地語で会話していたのに、そこだけ妙に聞き取りやすい英語である。不自然ではないか。

「それなら、オートリキシャで行けるところまで行ってくれ」

私は言ってみた。ところが、

「もうこれ以上市内には入れないので、この先は歩くしかありません。しかしメインバザールはあまりに遠いです」

とススキは言う。

「いいや、もっと行けるはずだ。行けるところまで行ってくれ」

「あなたは信用しないのですね。では今日がフェスティバルかどうか日本大使館に電話で聞いてみるといいでしょう。さあ、店の中へどうぞ。日本大使館に電話してみましょう」

なんでいきなり日本大使館なんだ。そんな大袈裟《おおげさ》な話ではないだろう。そんなことでいちいち電話してたら日本大使館も迷惑だ。というかそれは日本大使館と言いつつ、どこか知り合いのところにかけて、グルになってだまそうという作戦ではないのか。普通そこまで手の込んだ芝居をするとは思いもよらないものだが、ここはインドであって、それぐらいのことはやりそうである。

「もういい、俺は歩く」

私はススキやドライバーたちを、見捨てて歩き出した。方角もわからなかったが、そのうちまた何か拾えばいいだろう。ドライバーが追ってきて、十ルピー払ってくれと言ったが、メインバザールまで十ルピーの約束だろう、とこれも相手にしなかった。

それにしても空港に着いたときはまだ日があったのに、今はもう日も暮れてあたりはすっかり暗くなっている。一体いつになったら私はメインバザールに着けるのか。まったくインドには信用できるドライバーはひとりもいないのか。

と、そこへ今度は人力のリキシャが現れたので、

「メインバザール」と声をかけてみると、

「十ルピー」と答えた。

「OK」

と乗って、なあんだやっぱりもうそんなに遠くないんじゃないか、とホッとしつつ、五十メートルほど行ったところで、今度は道端を歩く少年が話しかけてきた。

「ヘイ、ジャパニ。どこへ行くんだい」

「メインバザールだ」

「メインバザールなら、すぐそこだぜ。歩いて行けるよ」

なんと。

そんな近くまで来ていたのであったか。

私はまた変な旅行代理店に連れて行かれたら面倒なので、リキシャワラー（リキシャの漕ぎ手）に十ルピーを渡してリキシャを降り、そこから歩いてメインバザールに到着した。

ああ、やっと着いた。

さんざん時間をかけてヘトヘトであるが、思えばたった十ルピーで空港から市内まで来ることができた。バスより安い。ラッキーなんだか不幸なんだか、よくわからない。いずれにしても無事に着いてよかった。

こうして私は、八年ぶりのインドでまたあらたな教訓をひとつ学んだのだった。その教訓はこうだ。

『自動車を見たら、バスじゃないと思え』

当たり前のようだが、とても深い。

ワイルドな旅支度について

旅の荷物は軽いに越したことはない。

しかし、私の荷物はどういうわけかいつも重い。毎回旅に出るたびに、荷物を減らそう減らそうと思うのだが、できたためしがない。

なぜだろう。

文庫本がいけないのではないか。

本格的活字中毒である私は、文庫本なしで飛行機に乗ることはできない。機内誌は英語だから、ペラペラめくってしまうともう後がなく、そうなると手持ちの荷物の中から何でもいいから日本語を探して読むはめになってしまう。はじめのうちはガイドブックでも読んでいればいいが、飽きてくるとカメラの取扱説明書なんかも取り出して読んでみる。そのうちそれにも飽きてしまうと、持ってきた胃薬の効能書きから、しまいにはズボンをめくって「色落ちしますから他の物と一緒に洗わないでください」とかまで読み始める。アイロンの形に「中」とか書いてあって何のことかわからんが、それも一応目を通し、ひまだから「中」の意味について考え始めたりするのである。「中」はたぶん、中ぐらいの温度でアイロンをかけよ、という古代からのメッセージではないかと思う。

とにかく飛行機の中で文庫本がない場合の私は、そうしてどんどん禁断症状の度合いを増していくことになるのである。

そういうわけで『東南アジア四次元日記』の旅でも、十冊持って行った。半年近い予定だったから、できれば二、三十冊も持って行きたいところであったが、あんまり重いので涙を呑んで十冊に絞ったのである。

だがそうは言っても文庫本だけでそんなに重くなるはずはない。試しに文庫本を除いてザックを担いでみたが、やはり重いままだった。

この重さの真の原因は何だろうか。

例えば、カメラやフィルムも重い。しかし、これは置いていくわけにいかない。それに、カメラ類を取り除いてみてもやっぱり荷物はまだ重いのである。何なのだ。

旅に出ると、私の半分ぐらいの荷物で旅行している人が少なからずいる。しかもそういう人が、ウォークマンやカセットテープの数本も持って来ていたりするのである。不思議だ。

そこであるとき、荷物の少ないバックパッカーになぜそんなに少ないのか聞いてみた。すると、着替えを二日分しか持って来ていないという返事がかえってきた。私は下着はたいてい五日分ぐらい持って行く。

「二日分しかないと一枚のパンツやTシャツが乾かない場合どうするんだ。洗濯できない日もあるだろうし」

と聞けば、

「一枚を二日穿くことにしているんだ」

と言っていた。ワイルドだ。

そのへんの大ざっぱさが荷物軽量化の秘密なのだろう。私にはそこまではできそうにない。

さらにあらためて考えてみると、私はチマチマといろいろなものを持って行ってしまう性格のようである。ついつい水筒や耳栓、コンパスなどを持って行って、結局使わないことがよくある。ひょっとして役に立つかも、などと考えてしまうのだ。

そんなことではだめだ。もっと大ナタを振るわないと軽量化できない。そうだ、私にはワイルドさが足りないのだ。

そこで私は次なる旅立ちに向け、思い切った重量削減作戦に着手することにした。

さて、何を削るか。

例えば薬はどうか。何かあったときのことを想像すると、ついいろいろと持っていってしまうが、思えばサロンパスなど持って行って使ったためしがないな。これは削ろう。カメラの説明書も、海外で読んだ記憶がない。これも要《い》らない。暑い国に行くのだから、シュラフもやめてシュラフカバーでいいだろう。

そうして小さいものも順次削っていくと、だんだん自分がワイルドな男に思えてきた。さすがにパンツを二枚に絞ることはできないが、それでも徐々に野性味あふれる男の旅支度になってきたような気がする。まだ何か減らせるはずだ。

そうだ、石鹸を削ろう。

私はひらめいた。シャンプーと石鹸の両方を持って行くのは無駄であると。石鹸で頭を洗うかシャンプーで体を洗うかすればいい。一般には、シャンプーをやめて石鹸ですべてまかなう人が多いようだが、私はシャンプー一本に絞ろうと考えた。

なぜなら石鹸で髪を洗うとキンキンして朝起きると頭が逆立ち、チブル星人みたいになってしまうからだ。その点、シャンプーなら洗いあがりもソフトで、翌朝は頭がチブル星人みたいになってしまう。……同じである。そうではなくて、たまに石鹸の置いてあるホテルに泊まることはあるが、シャンプーまで置いてあるホテルに泊まることはほとんどないというのが理由である。

書いているうちにだんだん思い出してきたが、石鹸はいろいろ大変なのである。

普通、ゲストハウスなどの共同シャワーに行くときは、着替えと石鹸とタオルと貴重品の入った袋を持って行く。行きはそれでいい。しかし石鹸を使い終わった後が問題だ。その石鹸をどうやって袋に戻すか頭を悩ませなければならない。

プラスチックの石鹸入れは見た目は良いが、水抜き穴が空いているため、使い終わった後に袋に戻すと中が濡れてしまうのである。そこで、別のビニール袋に容器及び石鹸をくるんで戻すことになるが、これが話せば簡単なようでも実際はなかなかうっとうしい。ビニール袋の中全体がヌルヌルになって、口を結んでもどうしてもそのヌルヌル液が外に漏れてしまうのだ。袋にはタオルや着替えや貴重品も一緒に入っている。基本的に濡らしたくないものばかりである。これが石鹸の混じった液で濡れた日には、そのまま乾かすわけにもいかず、いったんまた水ですすがなければならなくなって、ひたすら手間がかかる。

袋に戻すときだけではない。石鹸は体を洗うときにも問題がある。旅行中、私はスポンジや手ぬぐいなどを利用し万全の態勢で体を洗うことは稀で、普通は石鹸をそのまま体に擦りつける。そのとき必ず一度や二度は手からすっぽ抜ける。そうすると石鹸はスポンと飛んでシャワー室の床へたたきつけられてへしゃげ、そのまま床をくるくると旋回しながら、どう見てもこの世で最も汚いと思われる排水口の栓のところに転がり込むのだ。そしてその際にシャワー室の床にたまっていた有象無象の物質が、石鹸の表面にがっちりと嵌《は》め込まれるのである。

おそるおそる持ち上げてみると、最低でも髪の毛の一、二本はついていよう。しかもそれは石鹸としっかり一体化しており、さっと洗ったぐらいでは取れないのである。こうなると爪でほじくったりして髪の毛を分離しなければならない。おまけによくよく見れば、髪の毛だけでなくて正体不明の小さな黒い点の数々が、石鹸にツブツブ嵌め込まれているではないか。

何なんだ、この悪質なツブツブは。

試しにいくつか取り除いてみても、詳しく観察するとまだまだ細かい点が無限にある。

あーあ。こうなるともうこんな石鹸は使いたくなくなって、できれば全体に皮むき器で皮を剝《む》いてから改めて今回のプロジェクトに参加してもらいたい気分である。

こうした経験を踏まえて考えるに、私としてはパートナーとしての石鹸に大いなる疑念を抱かざるを得ず、これからは、リンス・イン・シャンプーとの合弁を積極的に推進し、体中フローラルな香りで世界各地を席巻することにしたい。

ようし、これで大幅に重量は削減されたであろう。私もかなりワイルドな男に近づいたはずだ。

そこで荷物を全部ザックに詰め、ためしに体重計に載せて測ってみると、あろうことかいつもとほとんど変わっていなかった。

おかしい。こんなに思い切って荷物を減らしたのに、どうしてだ。誰が見ても、ワイルドな男の旅支度ではないか。これ以上どうしろというんだ。

ううむ。誰かが私のワイルドを邪魔しているとしか思えない。

カエル顔のウエン

ふざけんなよベトナム人。

と言いたいのである。

ハノイの安宿で日本へ電話をかけると、ストップウォッチで計りながら三分五十秒できっちり切ったのに、四分一秒だったとホテルの従業員が言い張る。ホイアンの海水浴場では、通常五百ドンの駐輪料金を、駐輪場の兄ちゃんが一万ドンだと言い張る。レーニン公園の駐輪場でも、入っていくと千ドンと書かれた看板を、係員がすばやく後ろ手に隠したのである。卑劣極まりない。ふざけんなよ、ベトナム人。

だからダナンに到着したとき、私はさっさとバスに乗ってラオスへ抜けようと思っていた。金も節約してこれ以上両替しないようにし、できればダナン一泊で即ラオスへ向かおうとそう思っていたのである。

ダナンホテルはバックパッカーの溜まり場だとどこかで聞いてやって来たのだが、シーズンオフのためかそんな気配はどこにもなく、むしろ古い病院か学校のような陰気なコンクリートのビルだった。エアコン付きで六ドルというからこれはお買い得だとそこに決めたが、エアコンというのがロシア製で、窓の下でぐわぐわぐわわわと食用蛙のような音をたてて力強さをアピールするわりには、ちっとも冷えない。ちっとも冷えないのに、すぐにワシャシャシャシャシャーと安らかなため息みたいな音をさせて休む。

休むなあ！

まだ、ワシャシャシャシャーの時間じゃないだろうが。そっちがそう来るならこっちは温度を低く設定するぞと思うと、ロシア製なので表示はNの逆さまみたいなのがあったりして意味不明だ。それでもいろいろ試してやれとスイッチをひねったら、もげた。ケンカ売ってんのか。

窓の外は中庭をはさんで向かいのビルが見える。それが無人で、とても不気味なので夜は窓もカーテンも閉めて寝たが、そういうときに限ってエアコンがワシャシャシャシャーごぼごぼごぼとかいって独断で止まってしまう。蒸し暑くて窓を開けざるを得ない。そうすると、今度は向かいのビルが不気味である。不気味なのと暑いので辛くも暑いのが勝ち、そのまま窓を開け放して寝たら不気味だった。

あーあ、ベトナム。最初はいいところだと思ったんだがなあ。

やはりさっさとラオスに行ってしまうのが得策だ。

夜が明けて私は、ろくなメニューもないホテル前の食堂で朝食を食べながら、食べ終わったらバスのチケットを買いにバスターミナルへ行こうと考えていた。

そこへおっさんが近づいて来たのである。

どうせバイクタクシーだろうと思っていたら、果たしてそうだった。ミーソンへ行かないかと言う。ミーソンはダナンから車かバイクでしか行けないチャンパ王国の遺跡で、ベトナム中部観光のハイライトでもあるが、私は興味がない。では、五行山へ行かないかと言う。五行山はダナンとホイアンの間にある大理石の山であるが、そこはホイアンに行く際すでに行っている。そもそも私はシクロやバイクタクシーを信用していないので、このウエンと名乗る男も狡猾《こうかつ》そうに見える。狡猾そうだし、カエルにも似ている。

うさん臭いので適当に相手をしていると、男はなぜか優しく頷きながら、

「お前が貧乏であることは知っている」

と言った。

な、なぜそれを知っているのか、ほっといてくれ。と驚くようなことではなく、それは彼の口説き文句らしい。

「お前はベトナム人はボる、信用できないと思っているだろう。だが、心配いらない。私を信じろ。お互い信じ合えばすべてうまくいく」

ちっとも信用できない。

ウエンは小さなメモ帳を取り出し、これを見ろ、と自信満々で見せる。そこには日本人旅行者の字で、この人に世話になったとか書いてある。よくある手だ。そもそも旅行者がこのメモ帳に何かを記すのは、金を払う前であろう。とするなら、ここに「このおっさんはいい奴だ、ナイスガイだ」と書いた後ボラれているかもしれないではないか。

「モンキー・マウンテンに連れて行ってやる」とウエンはしつこい。

「モンキー・マウンテンは、まだ観光開発されていない自然の山だ。下にビーチもある。とてもいいところなんだ。値段は言い値でいい。わかってるよ、貧乏なんだろ」

私はだんだんこいつとケンカしてベトナム全土のウサを晴らそうかと思い始めてきた。それで、

「よし、言い値でいいんだな」

と念を押してバイクの後ろにまたがった。

モンキー・マウンテンは本当に何もなかった。南シナ海に面した美しいビーチだけが、静かに広がっていた。

「ベトナムはどうだ」

とウエンが聞く。

「何でも外国人料金なのが気に入らない。ラオス行きのバスはベトナム人は八万ドンなのに、われわれは二十四万二千ドンだ。三倍だ」

と私は語気を荒らげた。そうだ、ホントにふざけんなよ。

「あれは保険なんだ」とウエンは言った。「事故が起こったときに、ベトナムは高い賠償金を払わされることになるだろう。外国人に何かあったら、最大で一千万ドンが支給される。われわれには三百万ドンまでしか出ない」

なるほど、約三倍になっている。そうか。少し許す。でも国際電話と駐輪場の件は、保険とは関係ない。

われわれはモンキー・マウンテンの後に、ミカビーチというこれも美しいビーチに寄り、のんびりしてからダナンへ戻った。

ベトナムで最後の食堂に入り、

「もう一万ドンしかないから、それで食べられるものをくれ」

そう言って注文した。それなのに勘定のときにやっぱり一万千五百ドンと言われ、

「一万ドンしかないって最初に言ったろう。一万ドンしか払わんぞ」

と食堂のオヤジにいきり立った。

すると、驚いたことにウエンが黙って横から差額を払ったのだった。

「いいよ、ウエン。両替して自分で払うよ」と私が思わず言うと、

「ノープロブレム」と彼は答えた。

ウエン、お前いい奴じゃないか。

私は当初の見込みが外れて、面食らった。ケンカしようと思っていたはずなのに。このときばかりは、ウエンの顔がカエルに似た仏のように見えた。

最後はバスターミナルまで運んでもらい、私はバイクを降りたところで「いくらだ」と尋ねた。

「言い値だって言ったろう」

「じゃあ八ドルだ、いいか」

ちょっと色をつけたつもりだった。

「いい」

あっさり。

そういうこともあるのか。

私はベトナム最後の日に、とてもいい気分になることができた。ウエンは別れ際に、

「アイ・アンダースタンド・ユー。ユー・アンダースタンド・ミー」

とかっこいいことを言った。でも顔はカエルに似ている。私はまだどこか信用し切れず、

別れてから自分の貴重品をスられていないか確認した。何も被害はなかった。

いつだって例外はあるのだな、と私は思った。

それが最後にきた私はラッキーだった。気持ちよくこの国を後にできる。そう、いつも例外はあるのだ。あるいは、ひょっとすると国際電話や駐輪場のあっちが例外だったのかもしれない。そうだ、そうなんじゃないか。

冷静に考えてみた。冷静に考えた結果、プラスマイナスで言えば、マイナスだった。だからやっぱり総合的には、ふざけんなよベトナム人、と私は言いたいのである。

極私的ミャンマーさすらいのテーマ

ミャンマーのマウントポッパで宿坊に泊まったら、貧しい気分になった。何というか年収二十八万円ぐらいの気分である。

コンクリートで四角く囲ってトタンを被せただけの簡素な小屋をあてがわれ、床もコンクリートの打ちっ放しでベッドもない。ベッドどころか家具のひとつ、花瓶や灰皿のひとつもなく、裸電球が天井からひとつぶらぶらしているだけなのである。独房と言ったほうが雰囲気は伝わるだろう。私は渡された一枚の毛布にくるまって、エビフライのように寝てみたが、床からしんしんと冷たさが伝わってくるし、天井のトタン板は風でガシガシ軋《きし》んで、何ともきついところに泊まってしまったと侘《わび》しくなった。

でもそういう自分がちょっとワイルドかなとも思い、ひとりだったし『太陽にほえろ！』のジーパンのまねで、「なんじゃあこりゃあ」と言って死んでみたりした。すると「なんじゃあ」の部分に予想以上の情感が出たので、マカロニの「熱いよお」とかもやってみたい衝動に駆られたが、そんなことはまあどうでもいいのである。とにかく田舎だしシャワーもないので、夕食の後はさっさと寝るしかないのだが、どうにも寝つけない。で、そもそも九時前に寝られるわけがないと思い直し、外に出てみることにした。

宿坊はマウントポッパとちょうど対峙するような位置にあったので、外に出るとポッパが月明かりにぼんやりと浮かんだり、ガスで山頂が途切れたりするのが見える。

誰かがギターを弾いている音がして、音のする方へ歩いて行くと、ポッパの麓《ふもと》の道で三人の少年が歌っていた。歌っているのは、フォークソングのようなバラードのようなわりとアカ抜けた歌で、妙にこの夜の風景に合っているように感じた。しぶい。とてもしぶいので、どんどん近づいていった。

少年たちは昼間、その場所でマウントポッパをバックに参拝客の記念写真撮影をして稼いでいた連中で、男性にはカウボーイハットとサングラスとジーンズを貸し出し、ナイスガイみたいなポーズをさせて撮っていたので覚えていた。

「それ、いい歌だなあ」

と日本語で言いながら近づくと、少年たちは、こっちへ来いと手招きし、さっそく交ぜてもらって歌のレッスンが始まった。ビルマ語はわからないので、口まねである。私はメモを取り出して、歌詞をカタカナで写しとることにした。

その歌の題名は『タウンパンパインメーシゴ』というらしい。しかし「タウンパンパインメーシゴ」と言いながら少年たちが、バタバタと鳥のような格好をするのがわからない。意味不明だが、私もサビの部分で「タウンパンパインメーシゴ」と歌うときは手をバタバタしておいた。

そうして何度も練習させられながら、いいなあ、いい夜だなあとしみじみ感じた。月明かりもよかったが、何より歌が抜群にいい気がしてきた。ミャンマーで今一番ヒットしているんだ、というようなことを少年たちは身振りで説明してくれる。なんというか、温かく懐かしく、まさにアジアという感じなのである。これは本気で覚えて、あちこちで歌おうと思い、二番の歌詞まできっちり書き取った。

少年たちに礼を言って別れ、宿坊に戻ると、相変わらずのコンクリートの冷たい部屋であったが、今覚えたばかりの『タウンパンパインメーシゴ』を口ずさんでいると、旅の気分が全身に染み広がって、この裸電球の冷たい部屋がかえってうらぶれた情感を醸し出し、一層いい感じであった。さっきの松田優作のこともあり、「俺たちのナントカ」みたいな風情だ。

そうして私は、ああ旅をしているなあ、と実感しながら眠りについたのであった。

翌日。夜もまだ明け切らないうちに、なんとなく目が覚めた。

コンクリートの床に直《じか》に寝そべっている自分に、一瞬はっとし、ここはどこだと思ったら宿坊である。そうだったそうだったマウントポッパだった。あの歌のおかげで、貧しい夜を乗り切れたなあと思うと嬉しかった。貧しさを前向きに味わうことができた。ここに泊まったことも、いい思い出になるだろう。よかったよかったそれはよかったけれども何だか臭い。何だろうと思って、外に出てみると、部屋の隣が共同トイレで、僧たちがごっそりとトイレの順番待ちをしていた。

おいおい、朝っぱらから勘弁してくれよ。と思ったが、朝っぱらだから並んでいるのだった。ううむ、しかしさりげなく旅の味わいを書いたつもりだったのに、ついまたこういううんこネタ方面へ展開してしまっている。深くお詫び申し上げたいが、そうはいってもトイレは本当であり、臭いのは私である。こっちが深くお詫びされたいところだ。

そのあとマウントポッパを去って、パガンへ行った。

パガンでは期待通りというか予想通り『タウンパンパインメーシゴ』がウケた。

町はずれのオープンカフェで、ラフェイエ（ミャンマー・ティー）を飲みながら口ずさんでいると、カフェの兄ちゃんたちが、

「おお、それはミャンマーの歌ではないか」

という感じで声を掛けてくれ、何度も通ったこともあって、たまにラフェイエを奢ってくれたり、しまいには『タウンパンパインメーシゴ』のカセットテープを買ってきてくれたり

した。

ここで『タウンパンパインメーシゴ』は、やはり鳥に関係した歌であることもわかった。「タウンパン」が翼で「メーシゴ」が恋人で「パイン」は不明だが、全体で「翼があればあの人のもとへ飛んでいくのに」という意味らしい。ラブソングだ。

私にはもうラブソングというよりは旅の風情を歌っているようにしか聴こえなくなってきているが、それでもいい。いい歌ならばそれでいいのだ。

だがさすがラブソングだけあって、ますます調子に乗って歌っていると、そのうち、店のララウィンというかわいい女の子が私に流し目を送っていることが確認された。もちろん私は旅人であるから、ララウィンの気持ちを受けとめてあげることはできない、俺に惚れるなよベイビーなのだが、宿で一緒になった日本人にその話をすると、彼はカフェまでついて来て、その流し目の件は特に確認できないようだ、と言った。確認の仕方が悪いのであろう。

こうして私はその後も『タウンパンパインメーシゴ』旋風を巻き起こしながら、パガンからインレー湖、インレー湖からピンダヤと旅を続けた。ピンダヤでは案内してくれた現地の青年ガイドも、私の歌にしばらく聴き惚れ、

「ううん、いい歌だ」

というようなことを言ってくれた。ところが、

「知らないのか、『タウンパンパインメーシゴ』だ」と私が教えてやると、

「知ってるさ、ロッド・スチュワートだろ」と見当違いなことを言う。

「違うよ。君の国の歌だ」

「ああ、歌詞はそうだけど、その歌はロッド・スチュワートのコピーさ」

え、ロッド・スチュワート?

驚いた。何ということだ。ミャンマーのフォークソングと思って覚えたのに、ロッド・スチュワートなのか。別にロッド・スチュワートに恨みはないが、何だか裏切られたような気持ちである。そうか、アカ抜けてると思った。

不覚である。不覚だけれど、もうしょうがない。『タウンパンパインメーシゴ』は私の情操中枢にミャンマーの風景とともに刷り込まれ、そのメロディーを聴くと、即ミャンマー即マウントポッパという反射系ができてしまった。これからの私は、この反射系とともに生きなければならない。

まあしかし考えてみれば人間そんなものだろう。そういうことはよくある。たとえば私は、山下達郎を聴くと、わけあって東北の寒い海岸線を思い出す。なんか変だが、そうなんだから仕方ない。そんなわけで、ミャンマーとロッド・スチュワートはセットでお買い上げということになったのだった。

何もやましいことはなかったメーサイ

タイからミャンマーに陸路で抜けようとしてメーサイに立ち寄った。しかしタチレクより奥へは進めず、陸路をあきらめたのだが、そのときメーサイで置屋を見たので、その件について報告したい。

置屋というのは、売春する女性を置いている店である。メーサイはタイでも有数の売春地帯と聞いていたため、話のついでに見に行ったのだ。本当に見に行っただけか、という疑問もあるかと思うが、ここは私を信じてどーんとぶつかって来てほしい。

見に行ったのは、メーサイの宿で知り合ったＦさんとＲ君というふたりの男性と私である。Ｆさんは私より少し年上で、定職は持たず、長野県に廃屋を借りて住んでいるという人で、それで食べていけるんですか、と聞くと、うん、働くのあんまり好きじゃないんだ、とさりげなく人間の偉大なる真実を語っていた。

Ｒ君の方は貧乏学生らしかったが、宝石商を面白半分にからかっていたと思ったら、いつの間にか神妙な顔して、ルビーの原石とかいう謎の赤い石を四千円ぐらい出して買っていた。

さて、置屋を見に行くといってもしかし、どこにあるのかわからない。もちろん違法なので、表立って看板など出ていない。そこでR君がだまされた、いや、いい買い物をした宝石商に頼んで案内してもらうことにした。宝石商は、

「女ならミャンマー人のいい子を紹介するよ」

と言ったが、われわれは置屋が見たいのであるからその話は断り、とにかく店を見たいと説得して連れて行ってもらった。

店は普通の民家の中にあった。宝石商が入ろうとしたが、昼間だったせいか断られて戻ってきた。

そこで、その場はいったん引き上げ、日が暮れてから三人だけで出掛けてみることにした。くどいようだがここで確認しておきたいのは、われわれは純粋に置屋というものを見てみたかったのであって、これはつまり社会勉強というか、学術的見地というか、リットン調査団というか、やましいものは何もないのである。男がそんな場所へ行って黙って帰ってくるわけがないという人があるが、そんなことはない。私は今までも何度かそういう場所へ足を運んだことがあるが、いつも毅然とした態度で、学級委員のように戻ってきた。青年らしい、清らかでさっぱりした表情だったと聞いている。

そして夕方。

男三人で昼間の民家目指して歩いていくと、民家にたどりつく前から、怪しい男が近寄ってきた。小さな声で、

「ナントカカントカ」

と言う。よくわからないけど、

「ふむ、ナントカカントカだ」

と頷いてみせると、こっちへ来い、とまた別の家のガレージのような建物に案内した。男は周囲に目を配りながら、鉄の格子扉をガラガラと開けて、われわれを中へ招き入れる。そこはテーブルとイスだけあるガランとした部屋だった。

「待ってろ」

男はそう言い、やがて若い女の子をふたり連れて来た。

「ショートは五百バーツ、泊まりは千五百バーツだ」

実はわれわれは出掛ける前に、宿で、年配の日本人男性が、このへんは二百バーツだと言うのを聞いていたので、その値段がふっかけ価格であることを瞬時に悟ったが、まあ、見に来ただけなのでそんなことは関係ない。

R君が、二百バーツだって聞いてるぜ、おっさんボってんじゃないよ、とまぜ返す意味で、

「ふん、二百バーツ、二百バーツ」と言った。すると相手は、

「四百バーツ」

とすぐさま言い返した。Ｒ君が、まったく嘘つくんじゃねえよ、こっちは二百って知ってんだよ、という意味で、

「二百、二百」

ともう一度強く言うと、相手は
「ノー、インポッシブル」

と言って、Ｒ君、値段交渉になってるぞ。

しかしそれにしても、もっといかがわしく盛り上がっている店かと思っていたが、まったく普通の民家ではないか。こんなものなのか、と何だか少し感心した。

満足したわれわれが、よし見た見た、と帰ろうとしたところ、男は「ついて来い」とさらに別の店へ案内しようとする。一軒見たからもう十分なのだが、そのとき不思議な霊の力のようなものが働いて、気がつくとまた新たなる民家の鉄格子をガラガラ開けて、中に入っていく三人であった。おそるべし霊の力。

今度の店というか家では、普通のリビングルームみたいなところへ通され、そこで若い女の子数人と置家の家族が一緒にテレビを見ていた。ちっとも妖しい雰囲気がなく、何というかそれは団欒であった。小さな男の子までおもちゃで遊んでいる。おそらく警察に踏み込ま

れても平気なように、カモフラージュしているのだろう。それがかえってHな感じもしないでもなかった。

ここでもまた、ショートか泊まりか、と聞かれたが、それには答えず、気に入った子がいないなあ、というような顔をして外に出た。

もういい、帰ろう。と思ったが、男はまだ別の店があるからと再びどこかへ連れて行こうとする。状況的に断る理由が見つからないのでついていくと、今度はマンションの一室で女の子たちがトランプをしていた。そこも出ると、次は民家のダイニングのような部屋で、二階から女の子がゾロゾロ降りて来て整列したりした。

実はこの頃になって、われわれはだんだん焦ってきたのである。他に客がいなかったせいか、何軒も連れ歩かれているうちに、元締めのような、いかついおっさんとかも現れて、この置屋地域一帯に、われわれが気に入る子を置屋のメンツにかけても見つけ出そうという気配が漂ってきたのだ。今さら、冷やかしでした、とは言えない雰囲気である。

そもそも相手は闇の商売であり、冷やかしで来たなんてことは、もともと口が裂けても言えないのだった。そんなことを言ったら、ふざけるなということになって、何をされるかわかったもんじゃない。

そうこうしているうちに、Fさんが消えた。買ったのではなく、帰ったらしい。

取り残された形のR君と私は、ますます逃がすまいぞという厳しい監視の目に晒《さら》されることになった。困ったことになってきた。どうするか。

ここまで来たら、これはもう買うのも仕方がないのではないか、身の安全のためには不本意だがそれもしょうがないのではないか。

何という不運であろう。そんなつもりはまったくなかったのに、純粋なる学術調査であったというのに、状況がわれわれを追い込むのだ、状況が。

どうもそのようには見えないという人がいるかもしれない。わざわざ喜んで追い込まれているのではないか、という人もあるかもしれない。しかし私は神かけて誓いたい。これは正当防衛である。男には身を守るために、戦わなければならないときもあるのだ。

と思ったけど、やっぱりそういうことはいけないので僕たちは宿に帰りました。

あくまで気に入った子がいない作戦で押し通し、奇跡の生還を果たしたのである。めでたしめでたし、だ。

怪しいぞ、本当に帰ったのか、と疑うむきもあるかと思うが、これは本当に本当の話です。証拠もちゃんとあるのだが、残念ながら誌面がないので、このへんでアトランタオリンピックスタジアムからの中継を終わります。ごきげんよう、さようなら。

土まんじゅうの上で

バリ島へ行った。三度目だ。

バリ島は不思議である。安宿専門バックパッカーにも、リゾート専門リッチ層にも、両方ともに受けている。

同じ海洋リゾートでもハワイやニューカレドニアなどの西欧の文化が混じった場所を安宿派は嫌う傾向があるが、それは物価だけのせいではなさそうだ。素朴、伝統、純粋といった崇高そうなものへの執着が、そういう場所を敬遠させるものと思われる。

もちろんハワイやニューカレドニアにだって、独特の伝統はあるし、神秘的で伝統に満ちた島とわれわれが思っているバリでも、調べてみるとバロンダンスやケチャダンスなどは実は一九三〇年代に観光用に大きく変形された、いわば西欧ナイズされた見世物だったりする。独特の絵画にしても、もともとは西洋人画家が伝授したものらしいのである。

極論すればバリ島こそは、西洋人がプロデュースした完成度の高いエスニック・テーマパークとも言えるのだ。感動のあまり「バリには伝統が息づいている」などとついつい力説してしまうとき、それは仕組まれた雰囲気にうまくのせられてしまっているわけである。

今回、旅立ち前にそうした真実を本で読んでしまった私は、そうか、つくりものだったか、と何となく残念に思いながら、ウブドのリゾートホテルにチェックインしたのだった。

そして「何が伝統だ、全然新しい見世物じゃないか」とブツブツ言いながらケチャダンスのチケットを買った。真実を知った今となっては、ケチャダンスなんかちっとも楽しみである。バロンダンスもよさそうだし、レゴンダンスも素敵だ。何であれバリ島のダンスは完成度が高い。いいぞみんな。伝統なんかなくたって、いいものはいいのだ。結局私は五日間にわたっていろんなダンス見物に通いつめたのである。

ケチャダンスとともに上演された、トランス状態の男が火の上を歩く見世物は、そう毎回毎回本当にトランスできるのか演技ではないかと思いつつ見物したが、どちらにせよ火を蹴散らして歩き回っていたので、あるいは演技だった方が凄い役者魂だと思った。終わった後に男が足を投げ出して座っていたので、火傷《やけど》しているかどうか近寄って試しに足の裏を指でつんつんしてみると、お客さん困ります、という感じで足を引っ込めてしまったことから、少なくともこの男はくすぐったがりだということもわかった。

私はそうしたショー以外にも、キンタマーニという親近感あふれる名前の山を観光したり、北側のロビナビーチでシュノーケルにトライしたりしたが、あるとき近くの村で火葬があるとの情報を得た。観光客も見学することができるという。何しろダンスと違って葬式であるから、さすがに本物の伝統が息づいた儀式であろう。バリ島の、観光地的側面とはまた別の一面を見ることができるに違いない。行ってみることにする。

葬式は道路脇のちょっとした広場のようなところで行われていた。

着いてみると既に何百人と思われる相当な数の人が集まっている。半分以上は遺族や葬儀関係の人のようだが、残る半分弱は観光客だ。葬式を見にこんなに観光客がつめかけていいものだろうか、とここでもまた戸惑ったけれども、次から次へと私のような冷やかしの外国人がやってくる。インドで火葬を見たときもそうだったが、他人の葬式を軽い気持ちで見物するのは少し気が引けないこともない。連れて行ってくれた現地の若い男性は、遠慮なく写真でも何でも撮れ、と言うが、もし嫌な顔されたら大人しく引っ込めるつもりでカメラを取り出した。

しかしそうはいっても、広場は〝しめやか〟というよりは〝華やか〟な感じで、全体としてお祭り気分が盛り上がっている。ちっとも悲しそうじゃないぞ、と思ったがそういう伝統なのであろう。

広場には木組みに紙や布を貼ってつくった高さ三メートルぐらいある黒い牛が、十体以上も並んでいて、その胴体部分がどうやら棺桶になっている様子だ。ということはこれは合同葬儀というわけである。葬式には金がかかるので、合同で行うのが通例らしい。牛の中に交じって赤い聖獣バロンみたいな棺桶もあったが、あれはカーストが違う家のものだと現地の人が教えてくれた。

見ているうちにわかったのだが、この牛やバロンの棺桶には始まりの段階では遺体は入っておらず、遺体はいったん埋めた墓から掘り出して運んでくるようだ。合同葬儀を待つ間、土葬して保管しておくのだろう。

そのひとつが道の向こうからやって来た。黒い服のおそらくは遺族と思われる集団が花や果物や私にはわからない供物をかついで歩いてくる後に、神輿《みこし》みたいなものをかつぐ集団が見える。それが派手にやいやい声をかけながら、広場に到着するとぐるぐる回り、遺体としてものんびり寝てられないような葬式である。

さっそく観光客がビデオを回し、カメラを向ける。雰囲気からすると、確かに何も遠慮はいらない感じである。むしろ神輿、じゃなくて棺桶なんだけど、それに乗っかった若い男などは俺の勇姿を撮ってくれといわんばかりの大振りなアクションで、まったくお祭りそのものだ。

それでも遺族は泣いているだろうと思えば、そんな人はちっとも見かけず、おそらくそれは死んでから合同葬儀を待つ間に何週間も何カ月もたっているからだろうと推測されるが、あるいは死んでも泣かないのがバリの葬式なのかもしれない。そして誰もがカメラを向けても無頓着なのが不思議だった。中にはたまの派手な衣装を着込んだせいか、にこやかに記念撮影している家族もいるし、しまいには観光客に向かってポーズを決めている青年までいる。

大騒ぎの末、遺体が牛の胴体部分の棺桶に埋め込まれると、今度はそれをバーナーで牛ごと燃やしてしまう。このときは遺族が牛を囲んで少ししみじみとしたムードもあるが、それでもおそらくは観光客やら関係ないヤジ馬やらが紛れ込んで巨大な人の輪ができているさまは、まるで大道芸人でも囲んでいるかのようである。そんな中、牛が焼け崩れて遺体がごそっと薪の上に落ちてくる。

牛ごとにそうした光景が繰り返されるが、人が多くて中に割り込めない観光客や疲れた葬儀関係者などは、広場のあちこちから遠巻きにそれを眺めていた。

私もひとつ見た後は、座るのにちょうどいい盛り土がほうぼうにつくられているので、それに座って休むことにした。この盛り土はみんなにいい休息場所を提供して重宝がられていたが、その横には時折地面に大きな穴ぼこが開いており、何だろうと思っていると、それこそ遺体を埋めておく仮の墓を掘り起こした跡なのだった。ということはわれわれが観客席として愛用している土まんじゅうは、そのものずばり、お墓ではないか。

慌てて立ち退いてみれば、確かに小さな石板がてっぺんに載っていて誰かの名前が入っている。

おお、いいのか、そんなところに座っていいのか。

と思ったが、現地の人もどっさり座っていた。観光客が座ってもまったく気にも留めない様子である。

私も遠慮しつつも楽だからそのまま神妙に座っておいたが、どうもバリ島の葬式はあんまりご愁傷さまな感じがしないなあ。というより、葬式もどこか客に見せるために行っているような気配があるように思う。葬式までも観光化されているのだろうか。

どう考えていいのかわからなくなってきたが、伝統なんかちょっとぐらい曲げてでも、見世物としての完成度の方を優先するし、見せて喜ばれるなら葬式だって見世物にする、それがバリ島の人々の心意気なのかもしれない。

そうすると、彼らは素朴というより、かなりしたたかな戦略家なんだろうな、悔しいな、悔しいけどそれでもバリはいいもんな、と私は座り心地のよい土まんじゅうの上でそんなことを考えた。

高山病を生きて

恐るべきは高山病である。

かつて私はヒマラヤのエベレスト街道を、標高五五四五メートルのカラパタールまでトレッキングしたが、そのときは息苦しいことはあっても高山病というほどの深刻な事態には見舞われなかったのである。ところが、標高にすれば三七〇〇メートルしかない、富士山よりも低いチベットのラサで、あっさり高山病にかかってしまった。

標高五〇〇メートルの成都から、一気に飛行機でラサに入ったのが原因である。ラサ・ゴンカル空港に降り立ったとき、まだ私は楽勝であった。憧れのチベットに来たことでちょっとハミングとかしており、後で思えばまことに忸怩《じくじ》たるものがある。高度計のついているプロトレックという時計を使うのが楽しみで、機内にいるときから高度ばかり測っていた。飛行機はおそらく高度一万メートルとかそういう高さを飛ぶのだろうけれども、私の計測によると高度は二千メートルぐらいであった。機内は気圧が高く保たれているわけだ。

……とするとトイレで洗浄の際シューと空気ごと吸い込んでいるあれは、機外に捨てているのだろうか。列車では古来、車体の下から垂れ流すのが通例であるが、飛行機もそうなのか。突然町を歩いていて雨でもないのに、ビルの下でもないのに、ピッと冷たいものが顔にかかったりするのは、あれはひょっとして高度一万メートルからやってきているのか。というようなことはまあいい。今は高山病が迫っている。

空港からラサ市街へ移動し、ホテルを決めてチェックインしたときも別にどうということはなかった。高山病予防には水を飲めと言われていたので、念のためミネラルウォーターを何本も買って、喉が渇かなくても飲んでいた。さらにヒマラヤのトレッキングでは、にんにくがいいと現地の人に勧められたことを思い出し、にんにくも買い込んで、時々かじった。

高山病の症状は、手元の資料によると、まず頭痛である。さらに食欲の減退、不眠、吐き気などから始まるらしい。それが高じてくると倦怠、運動失調（まっすぐ歩けない）、不規則な呼吸（睡眠時に四回ぐらい呼吸したあと、十秒から十五秒くらい全然呼吸しない）などになる。この全然呼吸しないって何だ、死んでるんじゃないのか。資料には、それほど心配する症状ではないと書いてあるが、呼吸しないんだぞ、いいのか。どうも腑に落ちないものがあるけれども、それより深刻なのは嘔吐や尿量の減少だそうだ。

夕食前に、ひとまず自分自身を確認してみた。

頭痛はない。吐き気もないが、食欲はなかった。夕食を食べに行くのが億劫《おっくう》だった。しかしそれは旅の疲れかもしれないし、心配することはない感じであった。

ところが、敵は夜に突然やって来たのである。

ホテルのベッドにシュラフを敷いて、さあ眠ろうと思ったら吐き気がした。それでも人間、気弱になると吐き気がするから、気のせいだと思って、強引に寝てしまおうと私は考えた。ところがじわじわと頭痛が激しくなってきて、寝るどころではなくなってきたのである。

ここで高山病だ、やられたと思ったら、そのまま一気に負けそうなので、ぐっとこらえて外に出て星を見た。

満天の星。

そら見ろ、きれいだ。さすが高所だけあって星の数も多い感じがする。星空を見ればこっちのもんだ。何てすがすがしい吐き気なんだ。……吐き気じゃないか。頭痛もある。これは本物かもしれない。

しかし私は一時は五五四五メートルまで行った男である。五一〇〇メートルではメシも食った。脂っこいギョウザみたいなものまで平気で食っていた。四九〇〇メートルではうんこだってしたぞ。今は三七〇〇メートル足らずである。この一二〇〇メートルも上空で、かつて私は平然とうんこしてのけたのだ。それが、どうしてこんな場所で吐き気か。おかしいだろう。人には学習効果ってもんがあるはずだ。それじゃあ一体私は何のために四九〇〇メートルでうんこしたというのか。

ところでそういえばうんこをすると吐き気が治ることがあるので、トイレに行ってみたが何も出なかった。全然平気だ高山病じゃないと精神を落ち着かせようとしても、やはり吐き気と頭痛はきっぱりある。少し息苦しい感じもしてきた。やはりこれは認めるしかないだろう。

私は高山病になった。

にんにくをかじり、水を飲んだ。運動失調や不規則な呼吸は避けなければならない。特に不規則な呼吸は嫌だ。それほど心配する症状じゃないといっても、寝てる間に息が止まるなんて怖いぞ。そのままずっと止まってたらどうするんだ。

資料を読んでみると、さらに重度の高山病になると幻覚、咳《せき》、血痰《けったん》などに続き、やがては昏睡そして死に至るらしい。冗談じゃない。

昼間に別の旅行者から、ホテルで酸素を売ってくれると聞いていたので、買いに行こうかと考えた。でも現段階の症状としては吐き気と頭痛とそれからたぶん不眠である。高山病としてはまだ序の口と言える。なのに即、酸素というのも小心者というか何というか根性が足りない感じがしないでもない。男ならこの程度は精神力で乗り切るべきであろう。

そこで強い意志とともに、フロントで五元払うと、フロント係の男が自転車でどこかへ出かけ、酸素でパンパンになった巨大な空気枕を抱えて戻ってきた。

これは偶然である。私はただ五元払っただけなのに、ここに空気枕が。

「これで鼻から吸うのだ」と長いチューブを渡される。

さっそく部屋に戻ってベッドに横たわり、チューブを鼻にあてた。鼻から吸えと言われたが、汚いので中には入れないようにする。これでもう大丈夫である。予期せぬ偶然により私の手元には酸素がある。そう思って、チューブの先っぽをつまんでいた指を離すと、ものすごい風となって酸素が吹き出し、慌てた私は鼻で全部吸い切れなかった。

もったいない。これでは、あっという間になくなってしまう。

そこで私は、やはりこれはチューブを鼻の穴奥深く突っ込んで放射されるすべての酸素を確保せよ、とのお告げと考え、誰も見てないことでもあり、チューブ直結方式で全酸素を吸収したのだった。

そしてチューブについた鼻水の件については口を閉ざしつつ、さりげなく空気枕をフロントに返しにいったら
「もう吸ったのか。早過ぎる。もっとゆっくり吸わないと効果がない」

と男に言われたのである。そういえばちっとも吐き気は治まってない。失敗だ。全部吸えばいいってもんでもなかったのか。

結局その日は朝まで眠れず、仕方ないから、ひたすら水を飲んで耐えた。飲みたくもない水を飲みまくっていると、小便が近くなってちっとも眠れない。高山病の不眠症状はそのせいではないかと思ったが、ぐっすり眠って呼吸が止まるよりましである。

翌日の夜になっても症状は軽減されなかった。大丈夫なのだろうか。私は不規則な呼吸方面へと着々と駒を進めているのではないか。

さらに翌日になっても症状は変わらず、もうこれは本格的に対処した方がいいと思えてきた。このままでは、やがてまっすぐ歩けなくなり、血痰を吐き、幻覚を見て、最後は昏睡に至って、ああ、神はわれを見捨てたか、おお、ブレネリあなたのおうちはどこ、と思ったら四日目に回復した。

いきなりであるが、そういうわけで私は、世にも恐ろしい死の病、高山病から生還したのだった。

人並はずれた強い精神力の賜物と言えよう。

鳥葬をあきらめる

かねがね死んだら鳥葬にしてほしいと考えていた。

火葬でもインドのような火葬ならいいが、日本のは焼却炉の中に入れて焼かれるので怖い。もし中で目覚めたらどうするのか心配である。土葬も同じで、もし生き返ったらと思うとやたら怖い。

もっと怖いのは宇宙葬だ。SF映画で見たのだが、ミイラのようにぐるぐる巻きにされて宇宙へ発射されるのである。空想の話ではあるものの、ひとりぼっちで宇宙を漂うのは勘弁してほしい。その節はなるべく隕石になって帰ってくる所存である。

そういうわけで鳥葬を希望だ。もし鳥が私の目玉をくわえて空を飛んでくれたりしたら、景色も楽しめるかもしれないではないか。などと思っていると、チベットで鳥葬を見る機会があった。

鳥葬は寺の近くで行われる。外国人は見ることが禁止されているらしいが、私が見た寺では全然そんな感じはなく、若い僧が見物に来たわれわれ観光客数人に、これがチョルテン、これが何々とわからないチベット語で説明してくれたりした。とはいえ、葬儀であるからここは控えめな態度で見学する。考えてみるとこの本ではネパールの火葬、バリ島の火葬と葬式のことばかり書いているが、別に葬式を求めて旅をしているわけではない。たまたまそういう場面に流れつくのである。

鳥葬場は丘の上にあり、朝もやの中を登っていくと、テニスコート三面ぐらいの範囲がフェンスで囲われていた。フェンスの中央に石を敷き詰めた場所があって、それが鳥葬台らしい。そばには小さな道具小屋と、少し高くなった敷地にチョルテンが建っていた。その背後には雪を被った山が見えて、何かしらこういう広々と気持ちのよい場所で鳥に食べられるのは、幸せに思える。焼却炉の中とは随分な違いだ。

思えば私の焼却炉嫌いは、かつて仮面ライダーV3がイカファイヤーに焼却炉で燃やされそうになって以来、もう二十年以上続いている。まことにもって憎きイカファイヤーである。

鳥葬に付される予定の死者は五人で、どれも白い布にくるまれ、男に背負われて運ばれて来た。そしてその頃から既に、鳥葬場の周囲にはハゲワシがさりげなく群がっていたが、これがまたやたらでかかった。

ハゲワシったって所詮は鳥であって、でかいといってもせいぜいニワトリの倍ぐらいだろうと思ったら大間違いである。そんじょそこらの犬よりでかい。屈《かが》んだ人間の大人ぐらいある。しかも近づいてよく見れば全身筋肉の塊といった感じで、歩くときも肩で風切り、おらおら、どかんかいどかんかいと歩くのだ。

そんなのが二、三百羽もいるだろうか。秘めたる殺気とともに、遺体の登場を遠巻きに見守っていた。一対一でも負けそうなのに、二、三百羽である。うっかり死体と間違われないよう、なるべく活きのいい顔で鳥葬には臨みたい。

さていよいよ白い布が剝《は》がれ、死体があらわになった。解体担当の男が三人、ハゲワシが食べやすいように、剣のような長い包丁で肉をそぎ落としていく。解体担当以外にも十人以上の男たちがいて、何をしているかというと、長い棒やひもをぶんぶん振り回し、十分に解体される前にハゲワシが殺到しないよう見張っている。

解体作業は見ていて恐ろしいかというと、そうでもない。死体はやはり死体で生気がないから、モノに見える。女性の死体が一体あって、一瞬ハゲワシ担当の男たちが仕事を忘れてよく見える位置に移動していた。

死体が登場したときから、ハゲワシたちは徐々に鳥葬台近くににじり寄って、今では見張りの男たちの前でマラソンのスタートみたいに集まっている。彼らの間には号砲前の緊張感が漂っていた。鳥なんだから上空から攻めればいいだろうと思うが、あんまりそういうフライングはなく、たまに一、二羽が鳥葬台に飛び込んで見張りの男たちに追い回されているぐらいだ。

しかし冷静に考えてみると、敵は少なくとも二百羽いるのだから、この場にいる二十人あまりの人間を集団で襲えば、五体の死体だけでなくもっとまんべんなく人間が食えるはずである。そのうち賢い一羽がそれに気づくのではないか。というようなことを想像していると、動揺が伝わって本当に襲われないとも限らないので、あまり考えないで、念のため食べ物ではないという顔をして見物した。こういうときはシリカゲルのように、食べられません、食べるな危険、という強い信念が大切だ。

死体は丁寧に隅々まで解体される。どうせハゲワシが食いちぎるのだから適当でいいのではないかと思うが、腕や脚や頭皮まで剝いでいく。さっと包丁を入れると、ぺらぺらの肉片が剝げて赤身が見え、びっくりする。大変な仕事である。

やがておおかた解体されてくると、ハゲワシたちも我慢の限界が来て、棒やひもの間をかいくぐって鳥葬台に突入するやつが出てくる。二、三羽なら追い返されるが、だんだんその数も増えてきて、やがて一気に溢れるように防衛線を突破して大群のハゲワシが肉に殺到した。そのときは男たちもさっと切り替えて、巻き込まれないように逃げてしまった。

ハゲワシの食事はすさまじかった。

二、三百羽のハゲワシに対して死体は五つしかないので、当然取り合いになる。

もうどの部分かもわからない肉片を数羽のハゲワシがくちばしで奪い合って引きちぎる。骨についた肉もくわえて引っ張るから、地面の石に骨が当たってカラコロ音がする。鳥葬台の上は乗り切れない数のハゲワシが、ぎゃあぎゃあ言いながらごった返し、ハゲワシの上にハゲワシ、またそのハゲワシの上にハゲワシが乗って、早口ことばみたいになっているのだった。

ときどき肉片を確保したハゲワシが、その場を離れて食おうとするところへ、また別のハゲワシが奪いにかかる。そんなのがすぐ近くに飛んできて血まみれの肉を引っ張り合っているのである。怖いぞ。むこうでやれ、むこうで。

それがどのぐらい続いたろうか。ほんの五分か十分の出来事だったと思う。肉のほとんどは食い尽くされ、頃合いを見てまた男たちが鳥葬台からハゲワシを追い払うと、そこには理科室で見たような、ほぼ完璧に近い骸骨がねじくれて横たわっていた。そうか、もう骨になってしまったか。あまりのハゲワシの食欲にぐったり疲れてる感じだ。

解体人は、今度はそうした骨を集めて、白い粉をまぶしながら砕き始めた。骨も小さくして全部食べさせるようだ。砕いた後、石のハンマーでさらに潰して軟らかくしていた。白い粉はチベットの主食ツァンパらしい。

私はこのへんまで見たところで、鳥葬場を後にした。まだまだ儀式は続くのだろうが、もう十分だと思った。何というか、思っていたのと少し違ったのである。死体は解体された後、放置され、それを時々鳥がやってきてついばまれつつ、自然の中で風化していくのだと思っていた。ところが実際は風化どころではなく、もみくちゃである。まるで満員電車であり、バーゲンセールである。目玉をくわえて飛ぶハゲワシもいなかった。あまり楽しい感じじゃない。いずれ死体になる側としては、もっとのびのびと食われたい。

ハゲワシたちは、少し離れたところで相変わらず鳥葬台の方へ睨《にら》みをきかせていたから、おそらくこの後も、また殺到して骨の小片を食うのだろうと思われた。

鳥葬場を去るときは、周囲をコルラ（巡礼）してから帰れ、とあらかじめ聞かされていたので、オムマニペメフンと唱えながら上のチョルテンを回って帰った。

私は死んだら、やっぱりインドやバリ島のように外で火葬してもらいたい。鳥葬はやめである。そのかわり、もし火葬になった暁には、なるべくふんばってCO_2はあまり出さないで燃える所存である。

大陸横断宣言

それにしてもしかし、長い旅に出ていない。会社を辞めたのが三年近く前で、そのときは、どーんと二、三年かけて世界を巡るぞ、さしあたってユーラシア大陸横断するぞ、と思って辞めたのだった。しかし、この三年の間に、二、三週間の旅はあっても、それ以上に長い旅をしたのは東南アジア旅行の五カ月だけである。

どうなっているのか。世界を巡るんじゃなかったのか。ユーラシア大陸横断ではなかったのか。

さっさと出発すればいいのに、その間何をしていたかというと、仕事である。出版社から話がきて原稿を書いていた。仕事辞めたと思ったら、また仕事しているのである。これは一体どういうことであるか。このままでは、一生仕事に埋没して、結局サラリーマンと同じである。何のために辞めたかわからない。

私は行くぞ、大陸横断。イスタンブールと言わず、ヨーロッパの果てまで行く。

実は一度アメリカに出張で渡った以外、私はいまだヨーロッパもアフリカもオーストラリアも南米も、行ったことがない。いい加減にアジア以外も見てみたい。

旅の終着点は、そうだな、大陸横断というと、よくゴールとされる場所にポルトガルのロカ岬（ユーラシア大陸最西端）があるが、最西端のゴールにこだわるなら、最東端から出発したいものであり、調べてみるとシベリアの果てベーリング海峡に臨むチュコト半島デジニョフ岬というのが最東端である。そんな場所聞いたこともない。そこで私は、日本がユーラシア大陸の東に浮かぶ島なのだから、反対の西側に浮かぶ島アイルランドを目指して行きたいと思う。

ところで、この旅で心配なのはヨーロッパに入ってからの宿である。滅茶苦茶高いのではないか。

夜行列車で泊まるといいらしいが、そればかりというわけにもいくまい。ガイドブックで見ると、ユースホステルが安いと書いてあるが、うっかりユースホステルに泊まると、恐ろしい大惨事に見舞われる可能性がある。

私は学生時代、国内旅行でよくユースホステルを利用した。

東北を旅行していたときのこと。夜の八時頃、駅からの長い道を歩いてやっとの思いでユースホステルにたどりついた私が、ごく自然な欲求として風呂に入ろうとしたら、若い女のヘルパーさん（アルバイトの従業員）が、八時からミーティングがあるので風呂は駄目だと言ってきた。風呂ぐらいいいじゃないかと思ったが、そこはぐっと我慢して、なら、そのミーティングが終わってからならいいですか、と聞いたところ、ミーティングは九時過ぎまでかかるから、今日はもう風呂には入れないと答えたのだった。

　風呂付きの宿で九時過ぎぐらいでもう風呂に入れないのはおかしいのではないか、と文句を言うと、その女は肩をすくめ、仕方ありませんねと言ってOKなのかと思ったら、そういうルールですから、と仕方ないのはこっち側であった。しかも、子供じゃないんだからわがまま言うな、とそんな顔なのだ。九時過ぎに風呂に入りたいのがわがままか。ふざけんなよ。

　それでも風呂に入りたい私は、なだめたりすかしたりして粘ったが、女はそんな陳情者をミーティングルームへと強引に押しやり、そのままどこかへ消えてしまったのである。

ひどい。ひどすぎる。まるで聞き分けのない学校教師ではないか。

しかし惨事はそれだけではなかった。

仕方なくミーティングに参加すると、ギターを持った男のヘルパーが登場し、突然、

「君の行く道わあ！」

　と叫んだ。

　すると、部屋中が、

♪きみのおおゆくうみちわあああ。

こ、これは……。

「果てしなく遠い！」再び絶叫。

♪はてしいいなくうとおいいい。

「だのになぜ」今度はさとすように。

♪だのにいいい～、

なぜみんな歌っているのか。どうかしてしまったんじゃないのか、と思いながらも、私も念のため一緒に歌った。ここで一人白けていると、落伍者としてガス室送りにされそうな身の危険を感じたのである。

そしてそのまま大きな渦に呑み込まれるように『岬めぐり』や『心の旅』なども合唱、椅子取りゲームにも強制参加させられ、途中、女の子と手をつないで踊るようなゲームがあって、これはこれで楽しいかなと、うっかり悪魔に魂を売りそうになったりしながら、世にも恐ろしい夜は更けていった。

だがそんなことより風呂に入りたい！

魂の叫びを抑え、私はここから生きて出るために、最後まで歌って踊ったのであった。

これはもう十年以上も前の話なので、最近はどうなってるか知らないが、当時ユースホステルに泊まるのは命懸けだったのだ。

ヨーロッパのユースホステルはどうだろう。

みんなで『なんとかポルカ』とか歌わされたりしないのだろうか。あるいは強制コサックダンス笑顔で百回とか、そういう試練が待ち受けてたりしないのか。

ガイドブックにはそんなことは何も載っていないので、心配である。

第3部　旅人人生大器晩成化計画

核と私

ユーラシア大陸横断の旅から帰国した。

飛行機を使わずにすべて陸路でヨーロッパまで行くのが当初の目標であり、それは私のサラリーマンになるよりももっと以前からの、言わば十年来の夢であった。

三月に日本を出て韓国から中国へフェリーで渡り、五月にフンジュラブ峠を越えてパキスタンに入った。そしてイラン国境へのバスが出ているバローチスタン州のクエッタという町でバスチケットまで購入したところで、まったく予期していなかった邪魔が入ったのである。

核実験だ。

私がクエッタに到着したちょうど二日前に、パキスタンのバローチスタン州で核実験があった。もちろんその話はクエッタに入る前から知っていたが、バローチスタン州といっても広いのだから、どこか遠く離れた場所で行われるのだろうと高をくくっていたら、実験場はこれから私が乗るイラン国境へのバスルートのすぐそばらしい。

おいおい。

慌てて旅行者から詳しい情報を集めたところ、実験はチャガイという場所で行われており、地図で調べると、チャガイはバスルートから五十キロしか離れていなかった。

五十キロ。

果たしてそれは安全な距離なのか。核弾頭の破片とか、放射能の雨とか、プルトニウムの風とか、プルメリアの伝説とかそういうものが十分届く距離ではないのか。

心配になり、現地のツーリストインフォメーションで、この先のバスは大丈夫かと尋ねてみると、

「大丈夫に決まってるだろう。チャガイにだって人は住んでるんだ、自国民を危険にさらすような政府がどこにある」

と軽くいなされ、実際、イラン国境へのバスは平常通り運行されているようだったが、自国民を危険にさらすような政府なんてそこらじゅうにあるので、信用できない。

私と同じようにこれからイランへ向かおうという旅行者たちの反応はいろいろだった。平気平気という人、地下実験だから大丈夫だと思うけど……と半信半疑の人、絶対危険だから飛行機で迂回するという人、この際アフガニスタン経由でイランに抜ける方法を画策する人など。

私もまずこのルートを通らずに陸路で西へ抜けるルートを考えてみた。真っ先に浮かんだ

のは中国へ戻ってカザフスタンへ抜けるルートである。しかし中央アジアのビザを揃えるのは難しく、そうでなくても今さらウルムチくんだりまで戻るのは、面倒くさい。

一方で、アフガニスタンの西部をかすめるようにして通過し、イランへ出るのは不可能ではないらしい。といってもアフガンは内戦が継続中で、放射能からは逃れても今度は流れ弾に当たる可能性がある。地雷なんかも踏むかもしれないし、音信不通とか行方不明とか住所不定無職とかになっては我ながら心配である。

他にカラチから船でオマーンへ抜け、湾岸諸国からイランへ渡るルートがあるかもしれないと思ったが、オマーンのビザがカラチで手に入るか、船が本当にあるか、そういうことはさっぱりわからなかった。

気持ちとしてはこのまま行きたかった。大陸を全部陸路で横断するのが私の目標だったではないか。

だがイランに抜けた後、体が徐々に巨大化し、ヨーロッパに着く頃には目から光線が出たりビルを踏み潰したりしてたら嫌である。たとえ旅行中は何事もなかったとしても、放射能の影響は後から来るので、その後何年たっても安心できない。

年老いて、ああ、いい人生だったなあと思う頃になって、突然身長四十メートル体重一万五千トン必殺技は強力な尻尾による攻撃、神戸港を襲撃するが最後はスペシウム光線に倒れる、とかいう人生もどうかと思う。

私はバスをやめて飛ぶことにした。

悔しい。悔しいけれども、本当に確かな情報が得られない以上は仕方ない。疑わしきはバスせず、ということわざもある。チケットをキャンセルしに行くと、核実験ぐらいでまったくどうかしてるぞ、という顔をされたが、核だぞ、核！　まったくどうかしてるのはパキスタン政府の方である。

そんなわけで、私はいったんトルコへ飛び、翻ってイランに入国した。

その後トルコやイランで、核実験後もクエッタからイランまで抜けてきた旅行者に多く会ったが、飛んで正解だったのか、飛ばなくても大丈夫だったのかは、今のところ何とも言えない。中にはバスが途中で横転しその場で一夜を明かした男性もいて、人一倍放射能を浴びたのではないかと他人事ながら心配した。翌日会ったら髪の毛が本当に全部抜けていたので驚いて、こ、これは、と聞くと、床屋で丸坊主にしてきたと言って、おどかすんじゃない。

デリーから飛んだ旅行者も多かったようだ。デリーでは、パキスタンで死者が出たとか、国境地帯通行にパーミッションがいるようになったとか、インドがパキスタンに宣戦布告とか、松田聖子郷ひろみと再婚とか、さまざまなデマが飛んで混乱していたらしい。

私はイラン以降も旅を続け、その後は二度と飛ぶことなくヨーロッパに到達したが、いずれにしてもユーラシア大陸陸路横断という十年来の夢は達成できなかったのである。ああ、こんなことなら去年までに横断しておけばよかった。それどころか、あとほんの三日早ければ何の問題もなく通過できたのだ。何というタイミングの悪さであろう。悲しみのあまり、私は松田聖子の新しい旦那の口元が仮面ライダー本郷猛に似ていることを発見した。

高野山のへっちゃら

藤原新也『全東洋街道』を読むと、イスタンブールから始まったアジア横断の旅の最後は高野山である。高野山で宿坊に泊まっている。実は私もかつて高野山で宿坊に泊まったことがある。このことからビッグな旅人は高野山を訪れることがわかる。

私が宿坊に泊まったのは別に座禅しようとか、朝早く起きて寺の庭を箒《ほうき》ではきたいというような神妙な意志があったためではない。高野山を訪れる旅行者は宿坊に泊まるのがほぼ常識なのだ。

その宿坊は、畳敷きの大広間とかではなく、校舎のような三階建ての建物で、きちんと個室に泊まれるようになっていた。寺の住職らの住居とは、本堂をはさんで反対側にあって、とても静かである。がらんと虚《うつ》ろな廊下が少し不気味な感じがしたが、寺の若いお坊さんにそんな話をすると、本日泊まるのはあなたひとりですと親切に教えてくれた。

夜になると廊下などの電気がすべて消され、全体が暗闇となってしんと静まり返る。それでも個室の中は明かりもつくし、テレビもあるから、別に支障はない。風呂からあがった私は本を読んでいた。

　と、いきなり何の前ぶれもなく部屋の明かりが消えたのである。

テレビもつかない。停電かと思い、窓のカーテンを開けて外を見ると、本堂の向こうの住職らの住居はちゃんと窓明かりがこぼれている。おかしい。

　ブレーカーが落ちたというのは考えられなかった。何しろこの建物に泊まっているのは私ひとりだから、ほとんど電力は消費されていないのである。また、地区全体が停電したのでないことは、住職の住居に明かりがついていることでもわかる。雷が落ちたとか、風で電線が切れたというような外の天候でもない。何だかさっぱりわからない。

　だが、ここで幽霊の仕業とか言い出すのは早計である。冷静になって科学的に考えれば、この停電は、私の元上司の陰謀と判断するのが現実的である。

　本が読めなくなったので、私は布団にもぐりこんで眠ることにした。が、その前に小便をしておきたい。トイレも停電だろうか。そう思いながら立ち上がって、何となく明かりをつけ直してみると、ついた。

　ついたけれども、今停電したばかりではないか。なぜ停電ならしばらくの間停電をまっとうしないのか。かえって消えたことが不自然ではないか。と思ったけど、もちろんビビっているわけではない。へっちゃらだ。

私は次いで小便への思いをまっとうするため、トイレへ行った。

暗い廊下を進んで、突き当たりのトイレに入ると、四つ並んでいるトイレの個室の最奥のドアに鍵がかかって、ノブのところが赤になっていた。

おや？

私の他に誰かいるのか。

耳を澄ましても何も音がしない。それに匂いをかいでみても、うんこ臭くなかった。赤いんだから誰かがうんこしてて然るべきではないか。それとも……、と思ったけどそのぐらい何でもない。平気だ。

私はそのノブから目を離さないよう見据えながら、一番出口に近い小便器で思いを遂げ、そのまま敵に背中を見せないよう、男らしく後ろ向きにトイレを後にした。そしてカニのように廊下を横向きに走り、堂々と部屋に引きあげたのである。小さなことをいちいち気にしていたら宿坊なんか泊まってられない。何しろビッグな旅人である。

部屋に戻って明かりをつけたら、ついた。停電は完全に終わっている。

さあ寝るかと思ったら、さっきまで私が寝ていた布団の真ん中に、何だかバッサリとしたものが落ちていた。

ん？

よく見ると、長い長い髪の毛である。

ゲ。

なんで、女の髪の毛がここに落ちているのだ。

……もちろん、私も女の髪は嫌いではない。でも、それは髪がちゃんと頭から生えていて、さらにその下にナイスバディがついている場合だ。それ以上何もついてないともっといい。

しかし今私の布団に横たわっているのは髪の毛だけで、肝心のその下に続くものがなかった。

一体何なんだ。持ち主の顔もスタイルもわからないではないか、ってそういう問題ではないな。

私は髪の毛を捨てた。

関係ない、もう寝よう。布団に女の髪が落ちているぐらいのことは、たぶん、よくあることである。

次々と不可解なことが起こったけれども、私は全然平気なので、いったんテレビをつけてみたり、軽く布団の位置をずらしてみたり、別の布団に変えてみたりしてから寝た。さらに電気はオレンジの小さいのをつけて寝るのが宿坊のしきたりであると、どこかで聞いたかもしれないような気がするので、そうした。

そして深夜。

何だか体が重いような気がして、ふと目を開けると、私の上に知らない白い女が立っていた。なんてことはウソだけど、ビッグな旅人は高野山で睡眠不足だったのである。

仮面の森

早いもので私がサラリーマンを辞めてからもう三年以上たった。辞めたときに貯金通帳を眺め、まあ三年ぐらいは暮らせるだろうと考えたその三年が過ぎたのである。私は無事だろうか。その後どういう生活をしているのか。我ながら気になるので、その件について報告したい。

かつて私は、もの書きで食っていくなんてことは実際には難しい、と人に聞いたのだけれども、そう言いながらもあくまで究極的な目標はそこに置き、しかもできればまず旅行しまくりたいという目先の願望にも配慮して、一年の半分ぐらい旅行して、あとはコツコツともものを書く生活を続けてきた。収入はほとんどないので旅行費用も生活費も貯金を切り崩す毎日であったが、そんな中さらに、身の程も懐具合もわきまえずに結婚した。自分でも結婚してる場合じゃないだろうと思ったものの、ついでだから書くと新婚旅行はチベットに行ったのである。

成都から飛行機でラサに入り、新婚早々夫婦で高山病になって夜通しゲーゲー言っていた。

私はまだよかったが妻は本当に吐いてしまい、そこへ犬が寄って来て、吐いたのをパクパク食いはじめたので、私は「おお、犬とはいえそんなものを食うか」と感心した。ついでにその犬の頭の上にも吐いてみて、それを隣の犬が食べるかどうか実験してみたいと思ったが、しゃがみこんだままの妻は、気分悪いのにうつむいた顔の下に犬が集まって大層邪魔だったという。だがもし仮に、犬の頭の上に吐いたとしてそれを隣の犬が食べたなら、その頭にも吐いて別の犬に食べさせ、さらに次の犬、次の犬と一周回って最初の犬に戻る、というのをいつか実験してみたい。

まあ新婚旅行はどうでもいい。結婚までしてしまって生活できるのか我ながら心配である。そこで家賃を節約する思惑もあって関西の実家へ戻った。ほとんど外出しない節約生活と、さらにこの三年余りの間にサラリーマン時代の年収の五分の一ぐらいの収入があったことも少しは足しになって、まだ貯金が少々残っている。

そんなわけで最初の設問「私は無事だろうか」の答えは、

「まだ貯金が少々残っていて無事」

である。

その次の「その後どういう生活をしているのか」について言うと、毎日昼頃起きて原稿を書かず、夕方には重い腰をあげてめしを食い、夜になってようやく眠るという生活である。

どうも仕事と思うと、書くのが好きでも条件反射的にサボってしまうのは、昔とった杵柄である。

とにかく私が無事でよかったけれども、話の方も終わってしまった。少し早すぎる。もう少し何か書かないと自分が無事ならそれでいいのかという問題もあるので、先日久々に近所の国立民族学博物館を訪れた件について書いておきたい。

国立民族学博物館は昔よく通ったのである。ただし小学校の頃は、その前身の万博記念館であった。万博記念館には小規模ながら世界各国の民族や風習に関する展示があって、特に「仮面の森」というコーナーが秀逸だったのを覚えている。

暗い室内の壁いっぱいに世界の仮面が飾ってあり、それをスポットライトが順次照らしていくのだ。子供の私はその不気味な部屋の虜《とりこ》になり、同時に自分の内なる仮面好きに気づいて、仮面ライダーや仮面の忍者赤影などに傾倒していったのである。そしてシルバー仮面はさすらい仮面と歌いながら、チグリス星人のチグリスはチグリス川から取ったんじゃないかと鋭く考察したりもした。それはいいとして今気づいたんだけれどワープロで〝せいじん〟と打って星人が出ないのはどういうことか。星人は現代人の必須単語であろう。怪獣は出るのに星人が出なくては誰が怪獣を操るのか。それでは筋が通らないし話もそれているが、とにかくやがて「仮面の森」がグレードアップして国立民族学博物館となり、私はこの新しい博物館に頻繁に通っては、まだ見ぬ遠い異国に思いを馳せていたのである。

このたびあらためて訪れると、フロアは大幅に拡張され、内容も一層充実していた。館内に入るとまずオセアニアの展示から始まる。

オセアニアのコーナーで一番興味深いのはパプアニューギニアのシンシンの仮面だ。ポテトチップみたいな仮面で、仮面らしい重厚さも何もない。世界の仮面の中でもとりわけ変わった仮面なのではないかと思う。このオセアニアにはモアイ像やカヌー、ブーメラン、ペニスケースなども展示されている。やたら大きなペニスケースがあったが、ケースが大きいからといって中も大きいとは限らないのである。それを巨大なケースをつけて何だ。仮に百歩譲って中も大きいとしたってそれが何だ。大切なのは真心である。真心の私は次のアメリカコーナーへ進む。

アメリカコーナーにも意外におもしろい仮面がある。カナダ・クワキュートル族の仮面だ。口のところが取り外し可能で、そこに軟体動物や自然現象を表すパーツを組み合わせて変身できるのだ。エコーマスクというらしい。口が取れるところがライダーマンのようでもあり、自由に変身できるのがレインボーマンのようでもある。続いてメキシコやアンデスの仮面もある。世界は仮面だらけだ。

アフリカはさらに異様で、ジンバブエの成人式の仮面、カメルーンのねずみのような仮面、ザイール・ルバ族のハエ男のような仮面など、非常に不気味で満足した。さらに最近増設された南アジアコーナーではヒンドゥーの神々に出会うこともでき、続いてジャワ島やバリ島の仮面群がまたなかなかの完成度を見せていたが、私が今回一番質が高いと思ったのは、ベトナムの水上人形劇の人形たちだ。これは実際に現地でも見て感動した。顔がユーモラスを通り越してマヌケである。マヌケの美、ここに極まっている。

しかし民族学博物館が素晴らしいのは、こうしたコレクションの内容もさることながら、壁が黒いことではないだろうか。

黒い壁に世界各地から集めた仮面が掲げられているさまは、何とも言えないおどろおどろしい風情がある。陳列品はもはや現実の世界と大きく切り離され、そのものの剝き出しの味わいを醸し出している。現地ではこうはいかない。仮面でも何でもモノが現実の生活に無理なく溶け込んでしまい、それ独自の異様さがあまり漂わないのだ。そういう意味で旅では味わえない緊張感がここにはあるように思う。

さて展示はさらに東アジア、日本へと続き、見るべきものはまだまだあるが、このへんで国立民族学博物館最大の呼び物ビデオテークを試したい。

世界各地の風俗風習に関する何千という映像番組の中から、好きなものを選んで見ることができるのだ。どれも飽きずに見られる十五分ぐらいの番組なのもうれしい。

　さっそくブースに入って番組を選んだが、多すぎて選び切れないので、特選ビデオの中から名前的に「モグモグ島の一日（ミクロネシア）」というのにする。モグモグ島は一日中食ってばっかりいる島なのかと思っていると、半裸の人々が漁をしながら生活する島で、ヤシの樹液をとったりパンの実をとったりカヌー小屋に集まったりしているうちに私が寝てしまった。

　失敗だ。普通で面白くなかった。

　仕方ないのでもう一度別の番組を見ることにする。今度はじっくり検討し、最終的にこれしかないというのを見つけた。

「チンポー族の祭り（中国）」だ。

　番組表の中で燦然《さんぜん》と輝いていた。画面の指示に従ってチンポー族を選んでいると、私のブースの背後に子供が通りがかって覗き込んだので、大声で読むんじゃないかと焦った。まあ、子供はそれどころではなかったらしくすぐに通り過ぎて事なきを得たが、危ないところであった。

　さて気を取り直して期待のチンポー族は、中国とミャンマーとの国境付近に住む〝族〟らしく、太陽を崇拝し、祭りの日には女性たちが大きな銀の飾りを首にかけ、ゆっさゆっさと歌い踊ってるうちにまた寝てしまった。

だめだ。ビデオテークはやめにする。

最後はモアイやモンゴル相撲、韓国の石像、太陽の塔などと一緒に撮れる国立民族学博物館特製プリクラで締めたいところだったが、男がひとりでプリクラというのも何であるので涙を呑んで割愛した。

以上、仮面好きには見逃せない国立民族学博物館への行き方であるが、大阪モノレールで万博記念公園下車、そこから自然文化園の中を通って徒歩約十五分である。私は関係者ではないが、行きがかり上、どうぞお越しください。

ちょっとずそずわしますが

中国を旅行した際、言葉は筆談でOKと思っていたら、実際にはいちいち紙とペンを取り出すのが面倒くさかった。例えば「バス停はどこですか」ごときでいちいち筆談してられないのである。できれば口で「この切符売場は何時に開きますか」とか、「押さないでください」とか、「次は私の順番です」「抜かすな、コラ！」とか言いたい。

結局、私は北京の地下鉄構内で、ポケットサイズの中国語会話の本を買った。『説日語』というのがその本の名前だ。正確に言えば中国語会話ではなく、中国人向けの日本語会話集であった。出版発行は西北大学出版社。西北大学はよく知らないが、大学であろう。

まずこの会話集の使用法を読んでみた。

「本文では、中国語の文章の下に日本語の表記と発音を併記してある。例えば日本語で『早上好』は『おほようございまよ』と表記されるが――云々」

ん？

「おはようございまよ」は変だろう。

さらにページをめくると、常用会話の項で、

「ありがとうでぞいます」

おいおい、どっちも超基本会話ではないか。しかもさらに見ていくと、

「おほようごぎいます」

同じ「おほよう」でもさっきは語尾が「ございまよ」だったのに、今度は「ごぎいます」だ。

「ありがとう」の語尾は「でぞいます」である。統一性すらない。

だがそんなのはまだ意味がわかるほうで、

「であんをさい」

というのは何だ。さっぱり意味不明だぞ。

「いれはどうごしょう」

「どうぞねかはくだちい」

私は地下鉄の座席からずり落ちそうになった。

一体、どうなっているのか西北大学。

本の巻頭に『再版声明』と題して注意書のようなものが載っていたので、それも読んでみ

る。

「『説日語』は発売以来、すぐに役に立つ！　と広大な読者の歓迎を受けた。しかし盗用が横行し、われわれの著作権は侵害され、非常な不利益を被った。そのため、ここに以前陝西旅游出版社から出版したものに手を加え、あらためて西北大学出版社から『説日語』を出版することにした。これを勝手に盗用した者は法的責任を追及されることになるであろう」

まず、おのれが責任を追及されんかい。

こんな会話集では全然役に立たないうえに、あまりにずさんで面白いので、もっと紹介したい。

「ね元気ぞすか」

「まあまあごす」

なんだか力士っぽい会話である。調べてみると、この他にも力士ふうの会話はたくさんあり、代表的なものを次に記す。

「いまは九時二十五分ごす」

「てれがあれとり上等ごす」

「わつりごす」

「ぴつそりごす」

九州男児のつもりなのかもしれない。

「すごいわや」

という中部地方っぽいのもある。

私もこのへんまでくるとだいたいわかってきたが、間違い方には法則があるようだ。多いのは、『お』と『ね』、『ご』と『で』の混同である。『お元気』が『ね元気』になり、『です』が『ごす』になるのだ。たしかに書き文字にすると見た目が似ている。さっと書いた文字なら、どっちかわからないこともあるだろう。この本の編集者は日本人が書いたひらがなを見て活字を拾ったのではないか。

「あななはどちちかちね出でですか」

「ねをかが空さました」

これらは、あなたはどちらからお出でですか、と、おなかが空きました、であろう。『ら』と『ち』、『な』と『を』なども混同されている。

なんていい加減な仕事なんだ。どうしようもないぞ西北大学。

さらにひらがなの読み間違いとは思えないものもある。

「たろたろ失礼します」

「スープピにしますか」

馬鹿なんじゃないか。

「遠いのよ（遠くないのよ）」

これはいきなり桃井かおりみたいだ、意味はあってるぞ。

そして次の作品。

「ミンブしますからどうぞてちらへ」

ミンブって何だ。

「頭、顔、手、足、アッヤー」

アッヤーて何なんだ。それは体の一部なのか。

「もうなんたたろいたしたか」

「やかをとてそへ行またいぞすか」

「ちょっトずそずわしますが、郵便局は何時から開きますか」

ずそずわするらしい。

一カ所や二カ所の間違いならともかく、こんなものを日本語の会話集として堂々と出版してしまうのは、あまりに豪快ではないか。

「どのようにずりしましょうか」

ひょっとして、わざとやっているのか西北大学。一体どういう大学なんだ。本当に大学なのか。

私は、謎の西北大学に、二十一世紀を切り開く新しい何かを見た気がした。

台湾はそれでいいのか

この頃台湾でリラックスしようという旅行記事をあちこちで目にする。台湾で温泉につかり、マッサージしてもらい、お茶を味わうというのがパターンらしい。そういうことなら、とリラックスを深く愛好している私は、妻を連れて台湾へ行ってきた。

台北市内はホテルが高いので、われわれは郊外の新北投温泉に宿をとった。市内から新交通で三十分ほどの距離で、ここを拠点に毎日温泉三昧しつつ台北を観光する作戦だ。リラックスにはもってこいのホテルである。

ただここで気になったのは、ホテルの看板に住宿（泊まり）と休息というふたつの値段表示があったことで、はじめに入ってみた隣のホテルでは、

「部屋は空いているが、泊まりたいなら夜十時以降に来てほしい」

などと不可解なことを言われ、某ガイドブックによれば、そこはフロントで部屋の内装を写真で選ぶことができる謎のホテルなのであって、そんなホテルを「花柄のファブリックなどロマンチックな部屋が人気」などと明るく紹介してる場合か『個人旅行』。

ちなみに休息の基本単位は三時間である。

とにかく夫婦なので堂々と住宿（泊まり）を選んだわれわれは、さっそく台湾リラックスの旅第一の必須アイテム、温泉に入ってみることにした。

ホテルのそばに、かつて日本陸軍の療養所だったという瀧の湯という築百年の銭湯があり、味わい深そうなのでそこへ行く。

台湾の銭湯も外観は日本の普通の銭湯と変わらないが、番台で男湯と女湯の二手に分かれて奥へ進んだ途端、中には脱衣場がなくていきなり湯船だった。

見れば浴室の壁に棚がしつらえてあって、その前で脱ぐのである。お湯がはねてかかりそうだし、湯気で着替えが湿りそうだし、ちょっと不便だ。でもまあそんなことは大した問題ではないので、とにかく脱いで湯船につかった。

一息ついて見回すと、浴室内にはシャワーも水道もないようだった。湯船のほかには奥に小さな水浴び用の水槽があるだけなので、これで、どこでどうやって体を洗うのだろうと不思議に思う。湯船と棚の間に狭い床はあるが、そこで洗ったら着替えてる人や棚の衣類にしぶきがかかる。そもそもそこでは常時おっさんが二、三人、ストレッチをしているのである。どこかに別室でもあるのかと見回してみたが、そんなものはなかった。

私はしばらく湯船につかったまま誰かが体を洗いはじめるのを待ってみたが、いっこうに誰も洗おうとしない。待てども待てども誰も洗わないので、もともと熱い風呂が苦手な私はだんだんのぼせてきた。早く誰か手本を見せてくれ、と思うのだが、あんまりキョロキョロしていると、他人のチンポコと自分のとを見比べていると思われる可能性もある。

仕方ないので、湯船を出て冷水の水槽へ行って水浴びした。そうして水を浴びながら誰かが体を洗うのをさらに待ってみたのだが、依然としてその気配はない。ひょっとして台湾の人は銭湯で体を洗わないのか。

気がつくと、いつしか二十杯ぐらい水浴びしていた。よほど水が好きな人と思われたに違いない。結局湯船は熱いし、水も飽きたし、体も洗えないし、銭湯に来て十分もたたないうちに私は居場所をなくしてしまったのであった。

後に妻の女湯報告を聞いたところ、水浴び場で洗うのが正しかったらしい。まさか水で洗うとは思わなかった。今いちよくわからない銭湯である。

さて、次は気を取り直して、台湾リラックス第二の必須アイテム、足裏マッサージに出掛けてみた。足裏マッサージは台湾のマッサージの中でもキング・オブ・マッサージと呼ばれ……てるかどうかは知らないけど大変有名である。足裏マッサージはとても痛いと聞いているが、ああいうものは、その痛いのが気持ちいいのである。芸能人がテレビでやたら痛がっているのを見たことがあるが、あれはテレビ向けの演技に違いないのであって、痛いにしても気持ちいいはずだ。

と思ったら、足裏マッサージはツボを押すのではなくヘラのようなものでグイグイ削るので、ただ痛いだけだった。しかも冗談もいい加減にしてもらいたいような激痛であって、これがマッサージじゃなかったら、相手を張り倒していたところである。

一方で、痛がるツボによって体の悪いところがわかるのも足裏マッサージの特徴であるが、私の場合は小腸が悪い、膀胱《ぼうこう》が悪い、ノドが悪い、頭が悪いなどと診断され、最後のはギャグかと思ったら、マッサージのおばさんの目が笑っていなかった。本当に頭が悪いらしい。

三十分のマッサージが終わったあとは、体がふっと軽くなるとの謳い文句だったけれど、全然そんなことはなく、小腸や頭がどう悪いのだろう、と心配が増えただけである。

温泉もマッサージもどうもリラックスできない。このままでは台湾に来た意味がないので、今度は台湾リラックス界最後の砦《とりで》、お茶にトライすることにした。

このところ台湾で強く脚光を浴びているのが、お茶である。私はお茶に特別興味はないが、物価の高い台北市においては、つい店に入るのを敬遠して歩きっぱなしになったりするので、ゆっくりお茶でも飲んで時間をつぶすだけでも十分なリラックスと言える。

台湾にはお茶を飲むための茶坊という、まあ日本でいう喫茶店のようなものがたくさんあって、のんびりしたいときにはそこへ行くのが流行らしい。茶坊に行ってみることにした。

台北の南に木柵《ムーツォ》という、山の中腹に茶畑が連なるところがあって、その一帯は観光茶園と呼ばれている。そしてその観光茶園に行楽客目当ての茶坊が散在しているのである。そこを目指す。

木柵の茶坊は全部で六十カ所以上あるそうだが、中でもわれわれは「大茶壺」という茶坊に当たりをつけていた。「大茶壺」は去年の『地球の歩き方マガジン』に載っていたところで、テラスから眺める風景がのんびりして気持ちよさそうだったのだ。

さて木柵への行き方は、バスで政大という場所へ行ってそこで乗り換える、とガイドブックに書いてあったので、台北市のバス路線図を買って調べようと思ったら、この路線図がやたら不親切であった。例えばバンコクや北京などの大きな都市でも路線図を見ればバスは大体把握できるものだが、台北はそうではない。図が細かく分断されているうえに方位がまちまちで非常に見にくいのだ。

なんとかがんばって政大には着いたものの、次はどのバスに乗り換えればいいのかがこれまた判然としない。デイパックを背負った若い女性がみな同じ方向へ歩いて行くので、流れについていけば道が開けると思ったら大学だったりして、一層わけがわからない。人に尋ねると誰も知らず、歩いて行けと言われるし、それでもなんとか自力で見つけたバス停は結局最初に降りたところだった。くたくたである。

そうしてやっとの思いでたどりついた念願の「大茶壺」なのだが、なんと火事で燃えカスになっていた。

勝手に燃えるな！

はるばるやってきて、まさか燃えているとは思わなかった。

仕方ないから別の茶坊に入ったが、メニューを見るとお茶が最低でも千八百円の鉄観音からだったりして、体はのんびり座っても、心の中は金が惜しくて全然くつろがないのだった。

まあ、さすがに飲んだお茶は千八百円だけのことはあっておいしかったが、飲み放題なので千八百円を取り戻すべくガンガン飲んでいると、熱さで口の中に水ぶくれができてしまった。

しばらくすると観光茶園一帯に激しい雨が降りはじめ、そばで雷も鳴り出して、すぐ止むかと思えば二時間降り続いても止む気配がなく、長いスコールだなあと思っているうちに、途中の道路が雨で崩れたという情報が入ってきた。帰りのバスがここまで上がって来ないという話だ。

ということは台北に帰るには、豪雨の中を歩いて下の分岐まで戻らなければならない。雨が止むのを待ちたいが、日が暮れてバスがなくなったら困るので、われわれは激しい雷雨の中、早々に山道を歩いて戻ることになった。

銭湯で体は洗えないし、マッサージは痛いし、バスの乗り換えは大変だし、口の中に水ぶくれはできるし、雨には濡れるし、何しに台湾に行ったのか、どう考えても謎である。

茶壺時代

九份《ジューフェン》は、台北郊外の東シナ海を望む山の中腹に広がる町で、侯孝賢《ホウシャオシエン》の映画『非情城市』の舞台でもある。かつては金鉱があったが、現在は掘り尽くされ、アーティストがギャラリーを構えたりするオシャレなスポットとなっている。私も東シナ海を眺めながらアートな気分に浸ろうと、そこで「阿妹茶楼」という喫茶店に立ち寄ったのである。暑いのでアイスティーか冷たいジュースでも頼もうと思っていた。

ところが、日本語を話す店のおっさんが、

「冷たいジュースなんか日本にもいいのあるでしょ。せっかく台湾に来たんだから、台湾のお茶飲んでいったらいいでしょ。これ、凍頂ウーロン茶おいしい」

と強く勧めてくるでしょ。

台湾の場合、喫茶店といっても茶楼、あるいは茶坊、茶芸館などと呼ばれている店は、ウーロン茶や鉄観音茶が主力商品であることが多い。

このクソ暑いときに熱いお茶なんか飲みたくないが、台湾に来たら台湾のお茶という単純なロジックにまんまと旅心が揺らぎ、そのまま勢いに呑まれて、ウーロン茶を注文してしまった。お茶の葉が四百元、飲み放題のお湯がひとり百元とめっちゃ高い。お湯飲み放題百元てどういうこっちゃと思ったが、後の祭りである。

注文するとさっそく、さまざまなものがテーブルの上に並べられた。

お茶なんだから湯呑みと急須があれば十分と思われるのに、それ以外に、どう見てもこれも湯呑みとしか思えないものがもう一種類、さらに水差しも来て、おまけに大きめの水を受ける盆まで用意され、これから何が始まるのだというような大袈裟な展開になっていく。

何にしても面倒くさいことは勘弁してほしいと思っていると、

まず、お湯を急須に注《つ》いで、それを二種類の湯呑みと水差しに移し、

順に全部の茶器を温める。

と店の人が説明した。こっちはそんなの適当でいいのだが、続いて、

いったんお湯を捨て、

次に今度はお茶の葉を入れた急須にまたお湯を注いで、

それをまたすぐ湯呑みに移す。

はいはい。

で、飲むのかと思ったら、

このお茶も盆に捨てる。

おおっ、捨てるんかい。そのもとは私が買った四百元のお茶の葉ではないのか。

早くもこのへんで投げやりな気持ちになってきたが、説明は続く。

あらためてお茶を注ぐ。

今度は一度湯呑みのうちの細長い方（これは湯呑みではなく、聞香杯というらしい）に注ぎ、そこから普通の湯呑みに注ぎ直す。

そしてやっとお茶を飲むことができる。

なぜ急須から直に湯呑みに注がないかというと、まずこの聞香杯に鼻を突っ込んで、お茶の残り香《が》を嗅ぐのが順番なのだそうだ。まったくもってまどろっこしい。なぜお茶をわざわざそんなふうに面倒くさく飲むか台湾。

聞けば台湾には独特の作法でもってお茶を飲む茶芸というのがあって、近年大ブームであるらしい。そしてこの今まさに私の目の前で展開しているのが、茶芸なのである。とても面倒くさい。

面倒くささなら日本の茶道も負けていない、というかもっと上を行ってると思うけれども、台湾の茶芸にはどこか取ってつけたようなわざとらしさがある。実は台湾茶芸は歴史が浅く、それもものすごく浅くて二十年ぐらいだそうである。私より若い。自分より青い奴に、聞香杯に鼻を突っ込んで匂いを嗅げとか言われて面白くないぞ。

さらにお茶うけにはこれがいい、とまた強く勧められたお茶餡入りのお菓子が、八十元で五個しか入ってなかったりして、一層心落ち着かないんだけれども、話はここで唐突にスライドして茶壺へと飛ぶのである。

茶壺とは日本でいう急須のこと。台湾の陶芸界においては、茶壺は最大の人気商品であるらしい。茶壺コレクター市場の規模も大きく、中には価格が億単位の逸品なんかもあるそうだ。

私はお茶には興味はないが、陶芸には興味があって、この茶壺の世界をかいま見ようと、台北近郊の鶯歌《インゴー》へ行ってみた。鶯歌は台湾一陶芸が盛んな町だ。駅から線路沿いにしばらく歩いたところに「陶瓷老街」という陶器専門店が並ぶ通りがある。

シーズンではないので人通りはほとんどなかったが、ほぼ全部の店が開いていた。片っ端から入って、茶壺を観賞する。

台湾の茶壺は主に日本の常滑《とこなめ》焼きのような濃い茶色をしている。日本で一般的な表面のゴツゴツザラザラした陶器と違い、磨いた鉄のようなぺったりした表面で、なんだか機械のようにも見える。はっきり言って地味で、どれもパッとしなかった。日本の陶器にも地味なものは多いが、日本のはどこか侘び寂びを感じることができるのに、台湾のは何も感じない。

私が日本人だからであろうか。

いくつも店を回って不思議に思ったのは、台湾茶壺の世界が、なんだか変な方向へ発展しようとしていることである。

陶芸はもちろん芸術なので、あれこれ新しいカタチに挑戦するのはもっともなのだが、挑戦の方向がどうも変テコである。

例えば、茶壺に脚をつけて牛にしてみたり、全体的にイルカにしてみたり、ニワトリだったり、あるいは茶壺ごと山のような風景にしたり、トンボが止まっていたり、珍しけりゃいいってもんらしい。色が地味な分、カタチで勝負するのはわかるが、もっとこう微妙な味わいはないのかと思う。

中には、読めないぐらい小さな文字を一面に彫りつけて、虫メガネ付きで展示して悦に入ってる作品もあった。そんなことが自慢なのである。しまいには注ぎ口のないものまであって、何じゃこりゃと思ったら底に穴が空いていてそこから注ぐのだそうだ。

わけがわからない。底に穴を空けたらお茶が漏れるではないか。

訝《いぶか》しんでいると店員が得意げに披露してくれたのは、茶壺の中に洗濯機のように別の槽があって、それを回すと穴が重なったときだけ底からお茶が注げるカラクリである。

めちゃくちゃ無理がある。そんなふざけたものが相当な高級品として、ガラスケースに重々しく陳列されているのだ。一体どうなってるんだ台湾茶壺。誰か早いうちにはっきり言ってやったほうがいいのではないか。急須の底からお茶が出てもうれしくもなんともないぞ。渋い味わいを求めて行ったのに、大いにがっかりである。

まだ二十年の茶芸と違って茶壺の世界にはそれなりの歴史と伝統があるようだが、これからも伝統を守って、後世に残していってほしいなどとはちっとも思わなかった。台湾は茶芸といい茶壺といい、成熟度が全然足りない印象である。

まあ私は専門家ではないからあんまり偉そうなことを言うのはやめておくが、今こうしたものが台湾で受けているという事実に関して思うところがあったので、それについて述べておきたい。

茶芸には、とってつけたようなわざとらしさがあると先に書いたが、それはただ新しいからそう思うので、考えてみれば日本の茶道にしたって何道にしたって、はじめはしらじらしいものだったに違いない。それがいつしか型となり、様式となって、やがては伝統になる。そう考えれば、千年後から見たとしたら私は千年の伝統をもつ台湾茶芸誕生の瞬間に生きていたということになって大変喜ばしい。

変テコな茶壺にしても、たとえば日本でも千利休や古田織部が登場した当時はよほど奇抜な茶器に見えただろうものが、今では立派な骨董になっているわけで、これも千年後から見れば伝統の台湾茶壺が大きく変化した時代に立ち会っていると言えないこともない。大変光栄である。

といっても別にうれしくもないが、私がここで注目したいのは、社会がリッチになると、人は微妙な差の体系を楽しむようになるという事実である。

骨董に限らず、レアものの腕時計や、ペッツの入れものや、ラーメンの蓋を集めたりするのは、そのひとつひとつの器や腕時計や蓋に年代やデザインの差があって、集めれば集めるほどにそれが全体として大きな体系をつむぎ始め、しまいには巨大な迷路の中に迷い込んだような幻惑の快感を味わえるのであろう。そしてそこに茶芸という作法によって精神性が付与され、幻想の厚みは増していく。

自ら幻想の世界をつくり出し、その中を探検する。残念ながらその世界は、あらかじめ閉じられた人工の世界でしかないが、社会が成熟してくると、身近に探検、探求できる世界がもはやなくなってしまい、人は探検の欲求を満たすためにそうした差の体系を生み出すのではないか。

茶芸や茶壺の流行は、つまり台湾社会が成熟し、曲がり角に来たことを表していると私は見た。

旅の記録

旅行中、本を書くために何か特別な記録でも取るのかと聞かれることがあるが、特別なことは何もない。

記録と言えばまず写真だろうが、カメラはいつも一眼レフを持って出掛け、なるべく画質のきれいなスライド用のポジフィルムで撮っている。特に何が撮りたいということもないが、変な仏像や神様の像だとつい撮ってしまう。

私がまだサラリーマンだった頃、自宅に友人や後輩を呼んでよくそんなスライドを上映した。

当時の私の部屋は、国際的ビジネスマンの部屋にふさわしく、玄関にはヒンドゥーの神ガネーシャの像、壁にはミャンマーの霊能者のポスターやネパールの仮面、天井にはバリ島で買った空飛ぶ女神の木彫りなどがところ狭しと飾られていて、スライドを見るときも雰囲気を盛り上げるために、当時エスニック音楽と呼ばれていたワールドミュージックをバックにかけたり、香を焚いて、どこかで買ったチャイなど出したところ、友人に、

「危なすぎ」

と危険でワイルドな男として高く評価された。

スライドを上映しないときには、ゆっくりと七色に変化するランプで部屋を照らしてみると、一層雰囲気も四次元的になって、

「どうかしてるんじゃないのか」

「悩みでもあるのか」

などと話も俄然盛り上がり、楽しい時間を過ごすことができた。

旅の記録の仕方でもっとも力を入れているのは、やはり旅日記である。

私は旅行中、日記をウォータープルーフバッグに入れて持ち歩いている。ノートが濡れたり汚れたりしないようにという配慮だ。いずれそれをもとに本を書くつもりだったりするから大事にしなくてはいけない。

長旅に持っていくノートは無印良品のものがいいことが近年の私の研究でわかってきた。

某有名メーカー（おそらくシェアはナンバーワン）のノートは旅行中にバラバラになってしまったが、無印良品の再生紙でできたノートは頑丈で、いつまでも綴《と》じ糸がほつれなかった。

現地で買うのも趣きはあるが、趣きより実用性で無印良品である。

日記に書く内容は、誰もだいたい同じかと思うが、最近の私は心境などを詳しく書くより

も、なるべく数字や服装などの細かい情報を書くように心掛けている。はじめの頃は心境ばかり書いてしまい、やたら哲学的になって、まるで山田かまちのようであったが、後で本にするときに、具体的な数字や服装やその場にあったモノ、周囲の状況などが思い出せなくて困ったのである。で、細かい情報を書くと今度はどうしても日記が遅れていくので、週に一度じっくり腰を据えて日記をつける日記デーをとったりすることもある。

前回ユーラシアを横断したときには毎日いっぱい書き過ぎて右手首が腱鞘炎になった。日記が書けなくても、旅は旅で楽しめばいいのだが、もはや私にとって旅日記をつけることは旅とは切っても切っても切れないものなあんだ（答えは二百八十ページを見てね）。

さらに日記の話で言うと、もともと旅行中でなくても私は日記をつけている。小学校五年生のとき、将来は小説家になりたいと思い日記をつけはじめたのである。今、その当時の日記を押し入れの中から掘り出して読んでみると、次のようなくだりを見つけた。未来の私を暗示するような内容なので紹介したい。

『二月一日

ぼくたちはブランコのくさりをねじってのって、ぐるぐるまわってあそんでいた。その公園のブランコは、よくまわるのでこわかった。それからインド人をしてあそんだ。

…………

二月五日
それでブランコですこしあそんでいると柳瀬君が来たので、五人であそんだ。インド人をしてあそんだ。

…………

二月八日
そこでその公園へ行ってあそんでいると、川岸君と柳瀬君と応矢君がきた。だから七人でインド人をしてあそんでいると古川君が帰った。』

小学五年生の私は三日とあげず、インド人をして遊んでいたらしい。

インド人て何だ。

よくわからないが、インド人は公園で五人がかり、七人がかりで遊ぶのである。それがどんな遊びなのか今となっては定かでないけれども、その頃子供はみんなインド人だったことは明らかである。

人はみなインド人

と、ダーウィンも言っている（ウソ）。

まあ、そんな昔の日記のことはどうでもいいのだが、ついつい熱中してさらに読んでいくと、こういうくだりも発見した。

『六月二十日
放課後、八組男子の三分の一が集まり、教室でやらしい話をした。ぼくはまだあまりやらしいことにはきょうみはないが聞いていた。竹内君のくわしいことにびっくりした。

…………

六月二十一日
放課後、今日もまたやらしい話をきのうのメンバーでやった。時々、女子が近づいてくると「ソ連が悪い」とかコレラの話とかしてごまかした。』

このように昔から私は、いやらしい話よりも国際情勢に興味関心が強い少年だったことがわかる。

それで今一体何の話をしているかというと、旅の記録の話である。

ところで、最近はインターネットの登場で、旅の記録をめぐる状況も革新的に変わってきた。

旅行にパソコンを持っていき、旅先で原稿を書いてインターネットで送らんかい、と言われたりする。そうすれば記録も残るし旅行しながら仕事もできて便利だというのだ。

しかし私はインターネットどころかパソコンの使い方もよくわからないので、それが手軽で便利だとはとても思えない。技術的には可能でも、荷物がパソコン分だけ重くなるし、強盗に狙われやすくなったり、つなぐ電話線を探すのが大変だったり、コストもかかったり、旅の思い出がカクカクしたりするのではないか。と思っていたのであるが、最近東京へ原稿を送るため、家にｉＭａｃを導入した。不本意ながら、とうとうインターネットに手を染めることになったのである。

旅先で利用する段階ではまだないが、毎回フロッピーを郵送するのも面倒くさく、時代の趨勢《すうせい》にも負けて、買ってしまった。

で、そのｉＭａｃで原稿を送ってみると、これが予想以上に簡単で便利だったから驚いたのである。もっといろいろ技術的な障害があるかと思っていたら、私でも楽勝だった。

手軽じゃないか。

こうなったら私は心を入れ替え、高度情報化社会の旅人としてなお一層インターネットに親しんで、いずれは旅先で仕事する計画を推進すべく、まずは、とあるホームページにアクセスしてみようと考えた。向上心だ。

すると、

「あなたは十八歳以上ですか」

といきなり聞かれ、そんなもん以上じゃなくても以上に決まってるだろ。はい、をすかさ

ず押して、画面が変わるのを食い入るように待っていたところ、

「この画像を開くアプリケーションが見つかりません」

とか言われて何も見られなかったのである。

やはりまだまだ旅行しながらインターネットで原稿を送るなんてことは私には無理かもしれない。無理なら無理でそれは仕方ないんだけれども、しかし向上心のほうはどうしてくれるのであろうか。私は本当に十八歳以上だぞ。一体何のためにｉＭａｃ買ったと思ってるんだ。

いや、もちろんそれは原稿を送るためだが、画像を開くアプリケーションはどこにあるのか。こういう場合はどうするんだ、おい。

というか、こういう場合はどうすればいいのか、画像に限りちゃんと学びたいので詳しく教えてください。旅行には使えなくても別にいいです。話のほうもテーマから遠く離れてしまいました。画像が開ければ後はもうどうでもいいので、よろしくお願いします。

ジャイナ教とSF

さほど有名でなくても、個人的にとても気になる風景というものがある。

私の場合、この度訪れたギルナール山がまさにそれだった。

ギルナール山はインドのグジャラート州にあり、標高は七〇〇メートルぐらいあると思うけどよく知らない。外輪山に囲まれた、チベットのカイラス山を小さくしたような形の山で、頂上の少し下あたりにジャイナ教の寺院群がある。一一二八年建立のネミナータ寺院を中心とするこの寺院群が、一度見たら忘れられない不思議なデザインだった。

インドの寺院によく見られる大きく尖《とんが》った筆先のような形の石造りの堂塔、それについては他の寺院と変わりはないのだが、その堂塔のまわりの屋根に、タイル張りの白いドームがたくさんあって、それらが妙にキュートだったりするのだ。

さまざまな色のタイルで、通常なら抹香くさいはずのドームを花柄や幾何学模様に飾り付け、中には大きく文字が書いてあるものもあって、そこだけメルヘンの世界になっている。由緒正しい寺院とは思えないファンシーな建築である。

ところでこういうことは本来文章で伝えるより写真のほうがいいのだけれど、境内は写真撮影禁止だったので文章で続けると、あえてここと似たものを探すならアントニオ・ガウディの建築であろうか。しかも山道を少し登ってこの寺を上から見下ろすと、タイルのドームと尖塔の幾何学的な形が、まるで宇宙基地のようにインドの大平原に浮かんでいるのが見られる。

中に入っても面白い。ドーム屋根だけでなく寺院の壁や床の一部にもタイルが採用され、色ガラスで光を取り込むようにしたモダンなお堂まであって、女性向けインテリア雑誌にでも出てきそうな空間演出だ。私がとても似合う。

安置されているジャイナ教の神像もまた興味深かった。

なんだか仏像やヒンドゥーのおどろおどろした神様と違い、えらくあっさりしてそっけないのだ。全体にまるでゴム人形のようである。ポーズは主にブッダの座像と同じだが、体に飾り気がほとんどなく、顔はとってつけたような目玉があるぐらいで、深い感情表現もされていない。そのうえ胸の中央に菱形のポッチがついていて妙にそれが光るのだ。そうなってくるとそれはまさにウルトラマンとしか言いようのない姿であって、目玉の端が細く尖んがっているのは、ザラブ星人が化けた、にせウルトラマンがまさにこんな顔であった。にせウルトラマンは誰が見ても目が尖んがり過ぎて偽物だとわかるので、そんなもんにだまされた科学特捜隊はどうかしてるんじゃないかと思うが、この頃のウルトラマンはカラータイマーも菱形になり目も少し尖ってたりするので、まさにジャイナ教の神像に似てきている。

こうしたさまざまな印象を総合すると、この寺院はまさにSFである。アジアの寺はたくさん見てきたつもりだったが、こういうのは初めての味わいだ。

私はジャイナ教について調べてみた。

ジャイナ教は紀元前五、六世紀頃、現在のインドのビハール州周辺におこり、開祖はマハーヴィーラ、信者はインド全体で約二百万人で、その教義の大きな特徴は、徹底的な禁欲主義であるらしい。当然信者はみな菜食主義で、野菜も地面の下にできるジャガイモなどの根菜類は決して食べず、暗いところで食事をするとあやまってどんな小さな虫を食ってしまうかもわからないから昼間しかものを食べず、飛んでくる小さな虫もうっかり食べてしまわないよう口をマスクで覆ったりしているそうだ。

私も自転車で走っているときなどにうっかり口に虫が入って、うわああっ食べたくない、とか思うことがある。が、そのときすでに食べてしまっている。

さらにそういえば口だけでなくときには目の中にまで、ゴキブリぐらいある大きさの虫がびゅんと飛んできて入ってしまうこともある。にもかかわらず、人に見てもらうと何もいなかったりして、それも目の奥のほうで食ったのかもしれない。

ジャイナ教徒が殺生を嫌うのは、人間は死んでもそれで終わりではなく輪廻転生して動物や虫になったりするわけだから、牛やカラスやハエもしかすると死んだ父母の生まれ変わりであるかもしれず、それをうっかり食べてしまうわけにはいかないという理由らしい。それならばしかし、今生きている父母も実体はハエなのかもしれず、同級生の寺内の正体はカマキリかもしれず、森田の正体はスベスベマンジュウガニである。

一番驚いたのはジャイナ教徒の究極の理想は餓死だということだ。殺生するぐらいなら自分が死ぬ。まるで生きていることそのものが罪だと言わんばかりである。それは極論すれば人間の存在が世界の邪魔物ということであり、何ともすさまじい。すさまじいけれども、どこか納得できる話でもある。この思想は地球を破壊しているのは人間なのだという現在の環境問題にも通じているわけで、意外に現代の世相にマッチしているのかもしれない。

しかし、私が注目したいのは、そんな現代の世相とはまったく関係なく、ここにもまたＳＦの香りがある点だ。日本では宗教というと大抵オカルトっぽい湿り気があるものだが、このジャイナ教寺院にはそれがない。もっとドライで大きな舞台でやってる感じがする。そこにはオカルトではなくＳＦがあるのだった。

宗教はＳＦである。

と、ためしに断言してみると、意味はよくわからなくても断定口調で哲学者みたいでうれしいので、もう一回言うと、宗教はＳＦである。

ＳＦ好きの私は、このギルナール山のジャイナ教寺院を、ワン・オブ・ザ・私の見た最高寺院に推す。

グジャラートの忍者

西インドのグジャラート州で、日本人旅行者にまったく会わなかった。

グジャラート州はインドの中でも外国人観光客が少ない場所のひとつで、地図で見ても巨大なインド亜大陸の三角形からはみ出た把手《とって》のようである。それを言うならアッサム州などはもはやこぼれたチャイのようであって、はみ出てる度はアッサム州の勝ちであるが、グジャラート州もデリーとムンバイの途中にありながら立ち寄りそうで立ち寄らない旅行者の死角になっている。西洋人の旅行者にもほんの数えるほどしか出会わなかった。

おかげで私は現地のインド人にちっとも日本人と認識されず、どこへ行ってもネパリ、ネパリと声をかけられた。

知らないおっさんに、

「ネパリか」と聞かれたので、

「ジャパニーズだ」と答えると、

「ジャパニーズがこんな所で何をやってるんだ」

「旅行だ」

「一人でか」

「そうだ」

「日本人はみんな一人で旅行するのか」

「みんなではないが、一人で旅行する者も多い」

「一人で旅行して何が楽しいんだ」

「ん？」

「一人で旅行して、一体何が楽しいんだ」

といきなり問い詰められたりした。旅行者を問い詰める州も珍しい。

その分、観光客からボッたくってやろうという悪い連中は少なく、フロントのおっさんには、

「グジャラートはいい所だろう。インドで一番人がいいのがグジャラート州なんだ」

と得意げに言われたほどである。おっさんはさらに続けて、

「二番目はラジャスタンで、三番目はケララだ。でもケララは、ううん……」

と言いながらどこかへ行ってしまった。

ケララは何なんだ。とても気になるが、おっさんの主旨はとにかくグジャラート・ナンバ

ーワンということであるらしい。

食事したレストランでも釣りを間違えて十ルピー余計に持って来たりするし、ディーウという港町へ行ったときも、ウナからオートリキシャで百ルピーで行き、降りる際に、もう十ルピーくれと言われたので、百ルピーという約束だ、と突っぱねると、リキシャドライバーは、うん確かに俺は百ルピーと言ったなあ、と言って軽くあきらめていた。

こういう観光客ずれしていない素朴な土地もいいものである。いいものであるが、しかし決していいことばかりなわけではない。

外国人が珍しいため、何かというと子供が集まってくるのだ。

それも集まってくるだけなら別に構わないが、多少は心得ているとみえてルピー、ルピーとか、ペンをくれとか、日本のコインが欲しいとか、アイスクリームを買わんかいとか言って、こんな場所でもしっかりスレているのだった。

彼らははるか遠くから私を発見して、わざわざそこらじゅうの仲間を招集してやってくる。しかも友好的というよりは明らかなおちょくりの態度で、「ワット・イズ・ユア・カントリー？」と聞くのである。そう尋ねてくるのはまだましな方で、顎《あご》をしゃくって「ユア・カントリー？」とぞんざいに聞く奴なんかは子供とはいえ腹が立つし、「ワット・イズ・ユア・ネーム？」と聞かれて「タマキ」と答えると、もうそれ以上は何も聞くことがなくなってそのまま、みたいなのも多い。じゃあ一体何のために名前を聞くんだ、と思うけれどもそれはおそらく知ってる英語の質問がそれだけなのであろう。しまいには文法もむちゃくちゃになって「ディス・イズ・ユア・ネーム？」とか「ワット・イズ・マイ・ネーム？」とか言うのもいて、お前の名前なんか知る由もない。これがまだひとりだけならいいが、二十人なら二十人延々続くのでとても疲れる。

最後は結局「ルピー、ルピー」の大合唱となって、私の背後前方周囲にぴったりはりついて、ドヤドヤと街を練り歩くのが毎度のパターンである。面倒だからといって相手にしないでいると、ヘソを曲げてみるみる不機嫌になり、殴るふりをしてきたり、遠くから石を投げてきたりするので、鬱陶《うっとう》しいことこのうえない。

かつて敗戦後の日本に進駐軍がやってきたとき、チョコレートやガムが欲しくて子供がアメリカ軍兵士に群がったという話を、まるでそこには心温まる交流があったかのように聞くが、そんないい話ばかりであるはずはなくて、子供は何もくれない兵士には石のひとつも投げたに違いないのである。アメリカ軍兵士もさぞ鬱陶しかっただろうと思う。戦後日本のどこかで子供のひとりやふたりは張り倒されているると私はみる。

そのうち私もだんだん警戒するようになって、特に小学校高学年ぐらいのは危ないので、そういう連中が集まってクリケットなんかをしている場所では、なるべく塀の陰に隠れるようにして、心静かに虚無僧のような境地で通り過ぎた。まるでいじめられっ子のようであり、まったく納得がいかないのである。

あるとき小さな空き地で大勢の子供が遊んでいたので、低い塀の陰をやや背を屈めるようにして素早く移動していると、予想外の方向から別の子供が現れ、うれしそうに私を指さしてこう叫んだ。

「ニンジャ！　ニンジャ！」

あほう。誰がこんなところまで来て忍者やるか。

しかし日本人という点では当たっているので大したもんだ、五点。

と思っていると、子供はやっぱり続けてこう尋ねたのだった。

「ワット・イズ・ユア・カントリー？」

日本以外のどこに忍者がいるか、と怒鳴りたくなったが、最近ではアメリカあたりにもいるらしいので、

「ジャパニーズだ」

と百回目ぐらいの同じ答えを私は口にした。

マウントアーブで熊が出たのかもしれない話

インドのマウントアーブは、日本で言えば信州白樺湖畔のような高原の避暑地である。ひととおり観光も終わり時間が余ったので、私は湖のほとりにあるちょっとした緑の山を登ってみようかと考えた。その山は湖から百五十メートルぐらいの高さがあって、中腹には小さな宮殿跡のようなものが残っている。上から景色を見晴らすと気持ち良さそうだ。たいして高い山ではないので、簡単に登れるだろう。

どこから登ったものか思案していると、絵葉書をたくさん持った子供が寄ってきて、

「ユー・ポストカード」

と言った。

私は絵葉書ではないぞ。というかそれは、絵葉書を買ってくれ、の意味だろうけれども今は絵葉書なんか全然いらないのだった。と、そこへ、

「あの山に登らないか」

と偶然声をかけてきた者がいる。見ると、中学生ぐらいの少年である。

「俺がガイドしてやる。あそこは眺めがベリーナイスなんだ」

私はあまりのタイミングの良さに心動き、連れていってもらうことにした。

中学生のガイドというといかにも頼りなく聞こえるが、それほどの山でもないし、小中学生が大人なみに働いている姿をアジアではよく見かける。彼に大いに頼ることにして「イエス」と答えると、少年は来いというふうに顎をしゃくって、先に立って歩きだした。

並んで私も歩きだし少年に名前を聞くと、チャオズと名乗る。餃子である。

「餃子（チャオズ）ではない。チャオジだ」

「チャオジか。よろしくな、チャオジ」

「チャオジじゃない、チャルオジだ」

「チャルオジ？」

「チャルオジじゃない、ジャオルジ」

「ジャオルジ？」

「お前、英語喋れないのか」

と餃子は、まことにもってイライラするというふうに聞いてきた。

「英語？」

「ジャオルジは英語だろうよ」

「ヒンディー語じゃないのか」

「全然わかってないな、お前。俺のイングリッシュネームが、ジャオルジなんだよ」

私は口の中で、ジャオルジ、ジャオルジと繰り返しているうちに、それはつまりジョージであろうと気がついた。

「ああ、ジョージか」

「そうだ、ジャオルジだ」

以後、強引な巻き舌に敬意を表し、彼をジャオルジと呼ぶ。年齢を尋ねると、十四歳だと胸を張った。やはり中学生である。そのわりには精一杯大人びた態度で、私と対等な立場であろうとしているようだった。

ジャオルジははじめに、彼がバンブーパレスと呼ぶ中腹の宮殿に私を連れて行った。観光コースからはずれた宮殿は徹底的に寂れていたが、そこからの眺めは湖を眼下に従えるようにして、アーブ高原の山並みが全体的に見渡せ、なかなかのものであった。

「とてもクールだろう、ここは」

とジャオルジは言った。

「ああ」

涼しい風が吹いていた。

「日本はクールか」

「ベリークールだ」

「どのぐらい？」

「冬は雪が降るぐらいクールだ」

「そうか」

　宮殿から山の頂上までは、ものの三十分ぐらいの距離に見えたが、途中は緑の森に覆われていて、自力で行くと迷いそうである。ジャオルジは、その中をここは自分の庭だとでもいうようにためらいもなく歩いて行く。細いケモノ道があるのだった。ある程度行ったところで、彼は今度はケモノ道をはずれて崖を登りはじめた。

「これが道か？」

　私はふと気になって尋ねた。崖というものは、登るのは簡単でも下りるのは難しい。彼はそれをわかっているのだろうか。別の帰り道を知っているならいいが、ただ闇雲に山頂を目指しているとしたら、崖を登ってしまうのは危険だと私には思えた。

「そうだ。ここが道だ」

「アー・ユー・シュア（本当にこれでいいんだな）？」

　と私はもう一度聞いてみた。するとジャオルジはニヤリと笑い、

「登れないのか」

となんだか得意げに聞き返すではないか。

彼はそのアー・ユー・シュア？　を、本気でこんなデンジャラスな所を登るのか、お前はなんてワイルドな男なんだ、という意味に聞いたくさい。

そうではない。嬉しがっている場合ではないのだ。

「帰り道はわかってるのか」

と私は念を押した。しかし、

「大丈夫さ。手を引っ張ってやる」

とニュアンスがちっとも伝わっていない。しかも、手を差し伸べつつ、さあ、来いよ、とまるで年下を相手にするような態度になって、完全に勘違いしているみたいである。子供はこれだから困る。

登り切ったところでジャオルジは、ほら登れたじゃないか、という顔をしたが、登れることはわかっているのであって、問題は帰りなのである。振り返って見たところ、予想通りどうも下りられそうにない崖で、それがやはり心配だ。

「この崖は下りられるのか」

こういうことははっきりしておいたほうがいいので、しつこいようだがあらためて尋ねると、ジャオルジは、帰りはあっちだと言って別の方角を手で示した。

そうか。それならいいんだ、わかってるじゃないか。と私はようやく安心かつ感心したのだった。彼は、幼い部分も残ってはいるものの、きちんとガイドの役目を心得ているようだ。

そのときである。突然前方三十メートルぐらいのところにあるこんもりした茂みの中で、ガサガサという大きな音がした。

ん？

しばらく立ち止まって見ていると、またガサガサと音がする。何かいるらしい。

ジャオルジが急に険しい表情になって、危ないからここで動くな、と私に身振りで言った。

音がしたぐらいで大袈裟ではないか、と思ったが、彼はなんだか真剣である。一体何がいるというのか。

ジャオルジは、背を屈め足音を忍ばせてゆっくり茂みに近づいていく。ものの五メートルも進んだところで、何かを感知したらしく、ほいほいと音を立てないように引き返してきて、

「ベア」

と小声でささやいた。

「クマ？　本当か」

「ああ、本当だ。あれはクマだ」

私は目をこらして茂みをうかがったが、何も見えない。本当だろうか。そんな山奥でもないのににわかに信じられない。

「このへんにはクマがいるのか」

「ああ、何度も見てる。普通はグループなんだ。そして子供のいるグループが一番危ない。でもおかしいな。一匹しかいない」

ジャオルジは言った。クマの生態に精通しているようである。見れば彼は今までにない強い大人の表情になっていた。その彼がそう言うのだから、どうやら本当にクマがいると考えたほうがいいのかもしれない。

考えてみればここは日本ではなくインドであり、簡単に山に入ってみたものの、どんな生き物がいるかわかったものではない。クマだけでなく、虎とかもいるかもしれないし、キングコブラとかサスカッチとかがいきなり藪《やぶ》から飛び出さないとも限らない。以前ミャンマーで何でもない道路にサソリがいて驚いたことがあるが、現地の人はサソリなんか普通だというふうであった。インドにもインドの常識があるだろう。クマなんかごろごろいるのかもしれなかった。

私はどうしても山頂にこだわっているわけではないので、戻ることにする。宮殿跡からいい眺めも見たし、強行突破する必要はまったくない。こういう場合は進む勇気より引き返す勇気である。

ジャオルジに、山登りはここまでにしようと伝えた。彼もそうしたほうがいいというふうに頷き、帰り際に、少し離れたところで薪を拾っていた親子に向かって何か大声で叫んでいた。あの茂みにクマがいるから気をつけろ、と言ったらしい。その父親が、わかったという合図をし、ジャオルジに大声で礼を言った。

私は突然のジャオルジの変貌ぶりに驚くと同時に、彼がいてよかった、と感じていた。もし私ひとりだったら、あのまま高をくくって突っ込んでいたかもしれない。

私はいきなりクマに襲われた状況を想像して、もしそうなったら自分はどうしただろうかと考えた。最近は死んだふりも効かないらしい。とっさにクマを巴投《ともえな》げして助かった人が以前ニュースに出ていたが、巴投げで一本取っても、クマは柔道のルールなんか知らないだろう。負けたと知らずにもう一回襲ってくるのではないか。投げたあとクマはどうしたんだ。おとなしく敗者復活戦にまわったのか。謎である。

いずれにしてもジャオルジがいて助かった。餅は餅屋というか、なにごとも現地の人間の知識にかなうものはない。子供だと思って侮っていたが、間違いだった。帰り道も把握していたし、何度もこの道を案内しているに違いない。インドに限らずアジアの国々では、小学生や中学生がそれなりに重要な家計の担い手だったりすることがあって、彼らは普段は日本と変わらない無邪気な子供なのだが、ひとたび仕事を任されると大人と同じようにやるべきことはきちんとやるのである。普段の態度のほうだけ見ていると仕事も適当にごまかしそうだが、なぜかそうはしないので、妙に信用できる。疑ってすまなかったな、ジャオルジ。

ジャオルジは、しばらく下った後、クマから離れて安心したのか、仕事が終わりに近づいて緊張の糸が切れたのか、何だかうれしそうな顔になって、

「俺はクマをそのぐらいの至近距離で見たことがある」

と近くの茂みを指して得意気に言った。

「それはデンジャラスだったな」

私が言うと、彼は図に乗ってニヤニヤ笑いながら、

「クマなんか、いざとなったら、俺のキックでこうだあ！」

と先ほどまでの冷静な大人ぶりは消えて、もとの中学生に戻っていた。そうやっていきなりスイッチするところがまた面白い奴である。と、そのときだ。

ガサガサ、

と今度はすぐ横の茂みでかなり大きな音がした。

「うわっうわっ」

二人は血相を変えてわれ先に山道をドタドタ駆け下りた。クマの仲間はここにいたのか。

クマに遭ったら登り方向へ逃げずに下へ逃げろ、と何かで読んだことがある。クマは体が重いので下りだと勢いがつきすぎてゴロゴロ転がってしまったりするらしいのだ。でもそのゴロゴロに追いつかれて押し潰されたりしないのか、とか思いながらとにかく走った。ジャオルジも速い。

そして駆け下りながら私は一瞬振り返ってクマの動向を探った。クマはどこにも見えず、音がした茂みの中からはリスが二匹飛び出して、お互いもつれあいながら木の幹をひょいひょい楽しそうに登って行くのだけ見えた。

ん？

私は立ち止まり、ジャオルジを見た。

「おい、さっき本当にクマを見たのか」

「黒い顔が見えた」

ジャオルジは重々しく、それはそれ、これはこれというように答えた。しかし、そのわりには今必死で逃げてなかったか。

「しかも、ベリービッグだ」

彼は大人の顔で付け足した。

「そうか、ならいいんだ」

それから二人は湖まで下り、若干の値段交渉の末、私はガイド料を支払った。金を受け取ったジャオルジは表情こそ大人ふうに平然としていたが、踵《きびす》を返して歩き去っていくうちにだんだん足が速まり、最後は小遣いが入ってうれしさいっぱいというふうに走り出して、路地の奥へ消えていった。

そういうところはやはり子供だな、とその後ろ姿を見送りながら私は思ったのである。

そしてこれは敢《あ》えて言わなかったが、リスだったんじゃないのか、ジャオルジ。

あの崖の上での茂みの音は、リスだったんじゃないのか。

ひとりジェットコースターの夜——前編

ブルネイでは遊園地がタダと聞いて行ってきた。

私は遊園地フリークである。中でも絶叫マシン、特にジェットコースターには目がない。東京で働いていた頃、日本一のジェットコースターを決定すべくあちこち出かけて乗りまくったが、次から次へと新しいものが出て来て追いつかなかった。当時印象に残ったのは、としまえんの『シャトルループ』、後楽園ゆうえんち『ウルトラツイスター』、東京サマーランド『はやぶさ』、那須ハイランドパーク『ビッグバーンコースター』、神戸ポートピアランド『ババリアンマウンテンレールロード』などであるが、今ではどれも古株になってしまい、先日北九州スペースワールドで『タイタン』に乗ったらその高さとスピードにたまげたのである。感動のあまり急降下しながら記念撮影したほどだ。ジェットコースター界も破竹の勢いで進歩しているのだった。富士急ハイランドにはさらに日本記録を塗り替えた『FUJIYAMA』があると聞いているので、いつか五体投地で巡礼したい。

それでブルネイである。ブルネイはボルネオ島にある小国で、観光資源はないに等しいが遊園地はなかなかのものだ。一般に日本を除いたアジア諸国にはたいしたジェットコースターがないけれども、ブルネイのジュルドンパークはかなり近代的でインバーテッドコースターまである。インバーテッドコースターとは懸垂式、つまりレールが上にあり人が足をぶらぶらさせて乗るタイプのことで、下の地面が見えるのが非常にスリリングである。さらに乗ってる女性の太ももなども下からよく見えるという一粒で二度おいしい偉大なマシンでもある。

日本でなら一回最低千円は取られるそのインバーテッドがブルネイではタダ。遊園地の入場料もいらない。世界でも有数の大金持ちである国王が、国民のために採算は度外視して造ったのだ。誠に志の高い国王であられる。劇場とかミュージック・ホールとかでなく遊園地というところが麗しい。

昼間は暑いためジュルドンパークの開園は夕方五時。私が着いたときはすでに五時半を過ぎていて、人気のインバーテッドコースターはもう一時間待ちだったりするかもしれないと少々焦った。ブルネイは敬虔《けいけん》なイスラム国でディスコや歓楽街といった娯楽の場がないから、みんな遊園地で遊びまくっているはずである。まずい。

すかさずダッシュで駆けつけようと門をくぐったら中には誰もいなかった。

なぜだ。なぜ誰もいないのか。

休園日かというとそんなことはない。各所にあるスピーカーから元気なポップミュージックが流れているし、乗り物のネオンもチカチカ点滅している。しかし、たまに人影があると思うと、掃除してる人だったり乗り物の係員である。歓声も聞こえなければ、マシンも動いていない。

寂しいぞ。

誰もいない中、無音でチカチカ点滅する派手なネオンがシュールだった。私はケムール人になったような気分で懸案のインバーテッドコースター『プシン・ラギ』へ向かって歩いていった。

見たところ園内は清潔で新しくかつ広そうである。案内図を見れば、トップスピン、コンドルなど日本でも馴染みの乗り物もあって、噂どおりの近代的な遊園地であることがわかる。しかしひと気がないので、楽しい気分がだんだん盛り下がってくる。もっとぐわああと騒々しいのが遊園地ではないか。ちょっとぐらい行列してこそジェットコースターに乗る楽しみもある。そもそもインバーテッドコースターは待ち時間も楽しめる二度おいしいマシンではなかったか。客がいなくては見上げる楽しみがないではないか。それに子供じゃあるまいし、ジェットコースターにひとりでどんな顔して乗ればいいのか。

『プシン・ラギ』にたどり着いてみても客はいなかった。係員もひとりはベンチに寝そべり、もうひとりは手摺《てす》りに座ってじっと自分の爪を見ている。あたりは軽快なポップミュージックと派手なネオンで俄然盛り下がっていた。

ただ、その一方で『プシン・ラギ』は期待に違《たが》わぬ新型マシンであった。高さもあるし、ループも旋回も多く、距離も長い、間近で眺めていると、場内の盛り下がりにもめげずジェットコースター好きの血が騒いできた。しかも考えてみると貸し切りではないか。ジェットコースターをひとりで貸し切りなんて、こんなチャンスはまずない。

乗るしかあるまい。ひとりじゃ恥ずかしいとか言ってる場合ではない。

私は爪の係員に声をかけ、乗りたいから動かしてくれとジェットコースターを指さした。するとと係員は、

「ふたりからだ」と言う。

へ？

「遊園地に客は私しかいないぞ」

「そのうち来るよ」

私は後ろを振り返ったが、やはり園内には掃除夫しか見えなかった。

「そのうちっていつなんだ」

「いつも八時頃に少し来る」

八時……。

今は六時前である。こんな空いているのに二時間も待てと言うのか。ふざけるな。いい大人がジェットコースターごときに二時間も待てるかあ！

やってられないので次回につづく。

ひとりジェットコースターの夜——後編

ブルネイの遊園地ジュルドンパーク最大の呼び物、インバーテッドコースター『プシン・ラギ』の前で、私はもう三十分もひとりで立っていた。

時刻は夕刻六時半。『プシン・ラギ』はちっとも動く気配がない。というのも客がふたり以上集まらないと動かないことになっているのだ。子供じゃあるまいし、ジェットコースターなんかいつまでも真剣に待ってられないんだけれども、本当は好きなので二時間でも三時間でも待つ所存である。

この三十分、他の客はまったく現れない。一度、乳母車を押す親子連れをずっと遠くに見たが、こっちに近寄ってくる気配はなかった。サファリで象でも待ってる気分になってくる。

あとひとりがなぜ来ないいか。

そもそもいい大人がはるばる日本からやって来てこうしてジェットコースターに乗りたいと言っているのだ。ふたりからとか小さいこと言ってないで乗せたらどうなんだ。ひとりもふたりも変わりないだろう。乗せんかい乗せんかいと心の中で執念のさざ波を送っていると、

さすがに係員もかわいそうだと思ったのか、さらに十分が過ぎた頃ついにゲートを開いて、

「乗れよ」

と黙って顎をしゃくってくれた。当然の処置であろう。

ついに念願のタダ乗りジェットコースターだ。しかも貸し切りである。

さっそく座って安全バーを下ろすと、プルルルと発車ベルが鳴って発進した。私は係員に感謝の意味をこめて目礼し、カンカンカンカンとブルネイの夜空に昇っていった。

おおお、高い。

てっぺん付近からはネオンに光り輝くジュルドンパークの全景が一望のもとに見渡せた。この今か今かという瞬間が最高に楽しい。何かが体の内側からぞわぞわこみあげてくる。

頂上を越え走りだすと『プシン・ラギ』は予想通りのナイスマシンであることがわかった。日本で言うならエキスポランドの『オロチ』に似て、高さ、スピードとも申し分なく、ループは日本でもあまり例がないほどの鋭角的な急回転。乗っていると体中に喜びが溢れ、わあああ、とか騒ぎたいんだけれどもひとりなのだった。おおおお、とか言って両手を万歳したくてもひとりだ。仕方ないからニヤニヤするだけにした。

ふと、先の親子連れがすぐ下で見上げているのが見えたので、おおーい、とこれも手を振りたい気分になったが、楽しいのは私だけでむこうは知ったこっちゃないだろうから我慢し

た。ホクホクして戻ってきて係員を見ると、ここでも目頭が熱くなっているのは私だけであった。どうもひとりというのは全力で喜びを表現できないものがある。

本当はもう一周したかったけど、ひとりで二周目となるとますますどんな顔していいかわからないから、係員に礼を言ってもうひとつのジェットコースター『ブーメラン』に行ってみる。

しかしそこも客がおらず、またポツンと三十分待たされる。

さっきとは違って一度乗って余裕があるせいか、今回は、乗りたい、それも今すぐにだ、という切羽詰まった顔をして待つのも大人げないような気がした。かといって興味なしという顔ではいつまでも乗せてもらえない心配がある。乗りたいかと言われれば乗りたいけれども、どうしてもというわけではないというあたりで微調整を繰り返していると係員が出て来て、乗せてくれるのかと思ったら、運転休止の札を出されたのだった。待て待て、私が悪かった。本当はどうしても乗りたいんだ、今の顔は嘘なんだと思って札を読むと、お祈りタイムで三十分間の運転休止である。

お祈りタイム？

そうか、イスラムの国だから遊園地もお祈りで中断するのだ。そういえば関係ないけど、ロイヤル・ブルネイ航空に乗ったら飛び立つ前にテレビでお祈りビデオが流れ、「アッラーアクバル」とか言っていた。飛行中の安全を祈願しているのだろうが、かえって怖かったぞ。

それはともかくもう一時間半以上も遊園地にいるのに、しかもこんなに空いているのにまだ一つしか乗ってない。これでは日本の混んでいる遊園地と変わらない。『ブーメラン』の係員はあくまでふたりにこだわってなかなか乗せてくれないので、私は諦めてさっきの『プシン・ラギ』へ舞い戻った。

日はすっかり暮れて、あの係員が「八時頃になれば少しは客が来る」と言っていたその八時になったが、行ってみるとやはり誰もいない。

「いないね」と私が言うと、

「いや、あれから数人乗った」

と係員は答えた。たしかに最初の頃と違って、今では園内にちらほら客を見かけるようになっていた。客は夜行性なのだ。といっても全部でまだ五十人はいないだろう。

「もう一回乗っていいか」

と私は思い切って聞いてみた。

「ああ、お祈りタイムが終わったらな」

今回は最初からひとりでいいらしい。他に客がいない分、私と係員の間に微妙な親近感が生まれていたのかもしれない。

「お前はどこから来た」

　と彼は聞いてきた。

「日本」と私。

「俺はタイから出稼ぎに来てるんだ」

「ブルネイじゃないのか」

「違うさ。お前はこいつが好きなのか」

　彼は『プシン・ラギ』を顎で示した。

「これがこの遊園地で一番面白いよ」

　私は答えた。

「そうだな。俺もそう思う。こいつか、あるいは急流すべりか、ゴーカートもいいんだが、ヘルメットが汗臭くて駄目だ。ケケケ。でもブルネイの奴らは怖がってこいつに乗らないんだぜ」

　と彼は笑った。

「それはもったいない」

「去年マレーシアでジェットコースターの事故があって人が死んだのさ。それでみんな乗らなくなったんだ」

ん……………。

「どうした。大丈夫だよ、こいつは新型なんだ。事故なんて起こりゃしないよ」

新型だって何だって落ちるときは落ちるだろう。そんなこと乗る前に言うな。

やがてお祈りタイムが終わり、私は再びカンカンと夜空に昇った。そして闇の中を急降下し、旋回し、ひとり大回転している間に事故のことなどさっぱり忘れてまた目頭が熱くなった。いいぞ『プシン・ラギ』、名前の意味はわからないけどとてもいい。

満足して降り、また礼を言ってからゲートの方へ歩いていくと、園内にはようやく活気が出始めていた。最初の頃と違い、どのマシンにも少しは客が乗っている。八時頃に客が来るというのは本当だったようだ。

ちょうど『ジャイアント・ドロップ』というアトラクションに若者が数人乗ろうとしているのを見つけ、すかさず便乗する。日本にもよくある一本のタワーの四方にイスがありそれに乗って上空からどーんと落ちてくるアトラクションである。乗ってから、そう言えばこれと似た北九州スペースワールドの『アトラスタワー』で事故があったことを思い出したが、そんなことでビビる私ではなあああああああああッ。

……ではない。若者たちは大喜びで、もう一回、と座ったまま係員に申し付けている。私は忙しい身の上なのでこんなものに二回も乗ってる場合ではないのだが、ここでひとりだけ抜けてはビビってると勘違いされると思ったのあああああああッ。

……楽勝であった。『ジャイアント・ドロップ』はこのへんにしておく。

これで帰るつもりで『ブーメラン』のそばを通ると係員が私を呼びとめ、乗せてやると言う。さっき三十分も待たせておいてお祈りタイムに入ったからかわいそうに思ったのだろう。『ブーメラン』には相変わらず誰も並んでいなかった。他のマシンは少しずつ客が来ているのに、どういうわけかここではジェットコースターの人気が全然ない。やはりマレーシアの事故の影響だろうか。

『ブーメラン』を見上げるとこっちはインバーテッド型ではなく、昔からある普通のタイプで、気のせいか弱々しい感じに見える。

しかし一度は並んだマシンであり、親切で言ってくれているものを断る理由もない。また貸し切りだ。今日三度目のひとりジェットコースターである。

発進すると『プシン・ラギ』と比べ坂を昇るスピードも劣っていた。『ジャイアント・ドロップ』の後ということもあり、ちっとも迫力を感じない。その分ゆったりとリラックスできたかというと逆で、ループを回るスピードが遅いのが気になった。

ぐうんと回ろうとした途端にポテッと落ちるのではないか、マシンは落ちなくても私が落ちるのではないか。

マレーシアの事故のことも頭をよぎり、もし今落ちて死んだら日本のニュースで「日本時間の昨夜遅くブルネイで遊園地のジェットコースターが墜落。ひとりで乗っていた日本人のいい大人が死亡しました」と報道されるかと思うとここで落ちるわけにはいかない。

そうして二回転と一回半ひねりして今度は後ろ向きに坂を昇り、また落とされての二回転ループでは心持ち足を突っ張って、最後に一回半ひねって生還した。

結局ジェットコースターにタダで三回乗ったことになる。旅費の方が高かったんじゃないかという人もあると思うが、人生何事も全力投球である。

人生はわからない

フィリピンのマクタン島で某リゾートに泊まった。

予約なしの飛び込みである。そこはビーチに沿って並ぶ高級リゾートの一角で、値段的になるべく無理のない範囲で探して決めた。といっても前日まで安宿に泊まっていたのを突然高級リゾートにしたので無理はあったのだが、三日すれば帰国の予定だったので、最後はちょっと贅沢しようと考えたのだった。短い旅行だったこともあり、帰国前だけ高いリゾートに泊まって、旅が終わってしまう残念な気分のところにそういう優雅な生活を当て、もう一回目先を変えて楽しもうという作戦だ。

これは今回初めて採用したアイデアで、短い旅行でもこうすれば一粒で二度おいしいのではないかと思って考え出した。

昔はリゾートというと緊張してしまい、レストランでは料理を持ってきたウェイターにお辞儀したりしたこともあるが、最近は大人になったので慣れて平気である。

しかし今でも日本の高級ホテルなどでは、時折知らず知らずお辞儀している。ウェイターが料理をテーブルにのせる動きに合わせて、なんとなく顔が動くのだ。

海外のいいホテルでのチップの相場なんかも未《いま》だよくわからない。

料理の値段の十五パーセント程度と聞いたことがあるが、十五パーセントは高すぎる、外に出ればその十五パーセントでめしが食えるぞと思うと手が凍り、小銭ですまそうと試みるのだが、それはかえって〝サービス悪いぞ〟という意思表示と思われるんじゃないかと気になって、そんなことなら全然出さない方がましではないかと全然出さなかったり、出さないとみせてやっぱり出したりする。それでテーブルを立ったところへすぐにウェイターが片付けに来たりすると、まるで屁をこいた現場から知らんぷりで逃げ去るような心境である。チップの額に一貫した信念があるわけではないので、向こうにしてみれば私の心境はよくわからないであろう。

さてそのセブ島のリゾートは、思いのほか小ぢんまりしたところだった。

敷地は細長く海に向かって幅五十メートルぐらいしかなく、宿泊棟も一列だけで、レストランも一軒、パレット型のプールがひとつ、あとはお土産屋とビーチがあるだけで、海も遠浅、というと聞こえはいいが浅すぎて淀んだり干潟のようになっていた。ビーチというからには、パラセールとかバナナボートとかのマリンスポーツでぐわあああっと盛り上がってるか、もしくは静かで美しい波打ち際が心和ませてくれる場所かと思っていたのだが。

しかもビーチは完全にプライベートで、隣のリゾートとの境界が壁になっているため、うろうろ歩いてどこかへ行くこともできない。

まあ金をケチったのだから仕方がないが、少々拍子抜けである。

仕方ないのでここは泊まるだけにして、滞在中はどこかもっと盛り上がってる場所へ行って遊ぶしかないと思いながら、私はひとまず夕方になったのでレストランに入った。

ウェイターはなんとなくだるそうな感じで、まあきっちりとし過ぎているのもまたお辞儀してしまいそうだし、それならそれでもよい。しかし、メニューを見るとこれがめちゃめちゃ高いので参ってしまった。日本で普通に食べるより高い。仕方なく、量をとれるまともな食事のうちで一番安いカツ丼を頼むことにした。もうすぐ日本に帰るのだし、何もカツ丼なんか食べたくないが、それ以外のメニューはちょっと値段的にきつかった。

どうも全体に予定していたリゾートライフとイメージが違うのである。ビーチもレストランも全然だめではないか。これでは優雅な感じがしないぞ。しかも出て来たカツ丼を食ったらこれがまたとてつもなくマズくて、ぐったり疲れてしまった。

面白くない。旅の最後を飾るにふさわしくない。

そのうえ近くのテーブルにやって来たグループは、日本人のおっさんふたりと若いフィリピン人のお姉ちゃんたちで、見ているとそういう怪しげな国際的男女混合ダブルスばかりが現れるではないか。

そうか。ここはそういうふうに利用されているリゾートなのか。やっぱり明日の朝解約して残る二日は安宿に泊まろう。こんなところにいてもしょうがない。そう思った私は、フロントへ行って三日分の予約を一日だけに変更してくれと頼んでみた。

キャンセルチャージはどのぐらいだろうか。まさか全額返って来ないってことはないよなと気を揉《も》んでいると、フロントの、きちんとしたユニフォームを着て仕事しているフィリピン人女性が、

「あのさあ、なんでキャンセルする？」

って言って日本語で滅茶苦茶ざっくばらんである。

「それはさあ、安宿に移ろうと思ってさあオレ」なんてこっちも気さくに返事してる場合ではなくて、客に対してそんな日本語はないだろう。仮にもフロントではないか。これまでに特に君と打ち解けた覚えもないぞ。

というか、これはこのフロントの女性がそういう日本語しか知らないせいなのではないか。つまりこのリゾートの客が、このフロントの女性にそういう言い回しでばかり話しかけてきたのに違いない。フロントの女性に恨みはないが、ますますここが嫌になってきた。

そこで、とにかくキャンセルさせてほしいから、

「レストランが高すぎるよ」

と当たり障りのないクレームをつけてみた。すると、

「高くないよ」

とまたタメ口の返事がかえってくる。

「何が高い？」

「いや……、その、全部高かったよ」

「何食べた？」

「カツ丼」

「おいしい？」

「おいしくなかった。そうだよ、あの味であの値段は高い」

私はだんだん面倒くさくなってきた。とにかくキャンセルするから、キャンセルチャージは取るのか取らないのか取るならいくらなのか、それをまず教えてくれ。

「ちょっと待って」

女性は私を制し、しばらくどこかへ消えた。と思ったらレストランの料理長みたいな偉い感じの人を連れて戻って来た。そして私を指し示しながら、この人がカツ丼がマズいからキャンセルすると言っている、と何だかそんなことを説明し始めるではないか。

やがて話を聞いていた料理長の顔色がみるみる変わり、レストランに向かって、カツ丼を作った奴は誰だ、みたいなことを怒鳴り始めた。

いやいや、そういう話ではないんだ。たしかにカツ丼はマズかったが、別にだからキャンセルするわけではないんだ、と言おうと思ったけど、もう料理長はプッツリ切れて凄い剣幕になっており、誰だその野郎はクビだクビ、みたいな表情でどかどかレストランに乗り込んでいってしまった。

ゲゲゲ！　まずいだろう、それは。

私の一言でコックの人生が滅茶苦茶になってしまうではないか。

私は、いいんだいいんだ、カツ丼は別にいいんだ、と女性に説明しようと試みたが、女性も女性で一直線に思い詰めていて、

「ごめんな。カツ丼のコックは見習いね」

と謝っているんだか無礼なんだかよくわからない。

まさかカツ丼ひとつでこんなことになるとは思わなかったのである。しかし、もう動き出した流れは止まらず、レストランの方からは何だか大騒ぎになっているのが聞こえてきて、ああ何てこった、何でこんなことになってしまったんだ、と私はどんどん途方に暮れていった。

それでもキャンセルはしたいし、カツ丼がマズかったことに嘘はないので、これはもう起こるべくして起こってしまったのであって私のせいではないと思うことにして、心を鬼にしてさっさとこのリゾートを立ち去る決心を固め、そのうちにフロントの女性が仕事に戻ってキャンセルチャージは一切取らずにキャンセルしてくれて、私は何の損もなく希望通りに宿を移ることができたのだった。

それで、ようやくほっとした。

コック見習いはどうなっただろうか。料理長があの剣幕で何もないことはないだろう。予約もない日本人が、あの日突然やって来てカツ丼を食ったばっかりにクビか。

だとしたら、人生何が起こるか本当にわからないものである。

竜在田

占いを信じるかといえば、私はもう大人なので信じないのだけれども、参考までに私は山羊座、一白水星で、木星人である。ふおっふおっふおっ。いい大人をつかまえて木星人てことはないだろう。

人間をそんな十何種類に分類するだけなんて、ずいぶん大ざっぱではないかと私は思うけれども、どういうわけかいずれの占いでも、試しにやってみると私は大器晩成タイプと出る。姓名判断でもなぜか同じような結果が出るのである。

そうなるとまあ信じていないとは言え、晩成でも何でも大器にならないよりはいいので、いいことだけは信じることにしているうちに、今、易経がマイブームになってきた。

誰でも知っていると思うが、易経は中国に古くから伝わる占いで、じゃらじゃらと長い籤《ひご》のような筮竹《ぜいちく》を手に取り分けてその数で占う。たまたま台湾でやってみたのが、マイブームになるそもそものきっかけだった。

星座や四柱推命やナントカ星人と違い、易経は持って生まれた運命とは関係なく、その瞬間に取り分けた筮竹の数だけで決まるから、運命は偶然以外の何ものでもないことになって、そういうところはおみくじに似ている。運命は生まれた日付けや名前などで決まらない方がいいに決まっており、結局、星占いよりおみくじや易経の方が私は好きだ。占うたびに内容が違うのも飽きなくていい。

ちなみに昔つきあっていた彼女が、私と初詣の際に引くおみくじが四年連続で凶だった。引くたびにまさか今年はと思いながらやっぱり凶なので、しまいにがっくりと落ち込んでいたが、偶然か必然か、結局別れたのである。おみくじは当たるのかもしれない。

さらに易経となると中国の占いなので、気のパワーというか、そういうような働きで、ますますもって当たりそうな先入観がある。そのうえ中国四千年と、後ろに〝四千年〟をつけると一層当たりそうな気配が増す。よく考えてみれば特に中国の占いが当たるなら、中国という国が世界一発展していてもおかしくないのに、そうなってないのが謎であって、四千年も中国は何をしていたのか。

まあそこは深く追及しないことにして、とにかく台北で私の運勢を占ってもらった話をする。

台北市内の行天宮という廟のそばに、交差点を渡るための地下道があって、その地下道内に占いの店が並んでいる。ガイドブックによく当たると書いてあったので、行ってみた。

その地下道へ降りる前に、小手調べというわけでもないが、行天宮でまずポエという道教独特の占いをやった。

これは、片面が平らで一方の面が丸くふくらんだ赤い半月形の木片を使うおみくじである。まず籤《くじ》を引き、この籤を手に持って、半月形の木片をふたつ地面に投げ、ひとつが平らな面、もうひとつが丸い面が出たとき、その籤に書かれた番号が自分の番号となる。両方が平らな面だったり、丸い面だったりするとやり直しである。あちこちで大の大人が赤い木片を神妙に投げている姿が面白い。

やってみると私は〝上吉〟であった。

上吉とは初耳だが、吉の上だからいい運命には違いないだろう。

思い出したけれど、大阪の住吉大社のおみくじには吉や凶の他に〝平〟というのがあって、とても平凡な運勢らしい。初詣でそんなのが出たら、大いに力が抜けそうだ。折角おみくじを引いたのに、平ってことはないだろうと思う。平に比べたら凶の方がまたメリハリがあって、おみくじを引いた甲斐もあるというものだ。と思っていたら同行の妻が引いたのが〝中平〟で、台湾にも平があるのだった。しかも平の中である。妻は怒って帰りそうになっていた。

さて本題の地下道に降りる。

占いのブースは全部で十以上も並んでいた。日本語のできる占い師が三人いるというので、そのうちのひとりに見てもらった。日本の芸能人を見た証拠の写真や雑誌の切り抜きが、まるで彼らを成功させたのは私だと言わんばかりに暖簾や壁に貼ってある。興ざめなので、一番そういうのが少ない占い師を選んだ。といってもやはり日本の雑誌はテーブルにいっぱい積んであったが、人の良さそうなおじいさんではあった。

このおじいさんのやり方は、米卦といって、米粒で占うらしい。小さな壺に入った米粒を三度適当につまみ出し、そのつまんだ米粒の数で運勢を見るのだ。

米粒と聞いて、なんかしょぼいので一瞬やる気を失いかけたが、それでも言われるままに壺に入った何十粒もの米粒の中からいく粒かつまみ出してみる。

こういうのは男らしくどーんとたくさん取るのがよかろうと思い、一回、二回とたくさん取り出し、三回目にたまたま二粒ぐらいしかつまめなかったので、もっとたくさん取ろうと壺の中でもう一度米粒をつまみ直したところ、なぜかまた二粒しか取れなかった。

おや、と思ったのである。

これは私に二粒だけ取らそうとしているのではないか。運命の神様がそう望んでいるのではないか。

そこで素直に二粒取り出してみたところ、占いの結果は、

〝乾《けん》〟（竜在田）

と出た。これは竜が田んぼにいる状態、つまりこれから天に昇るまさに最高の上昇運だというのである。

おお、なんと素晴らしい運勢であろうか。

やはりあれは二粒取る運命だったのだ。まさにこれは運命の神様サイドで私に二粒取らせたのだ、と考えたい。

これで気をよくした私は、もっと何か占ってみたくなって、さっそく帰国の後、易経の本を本屋で買ってきた。筮竹のかわりは米粒ではなく、手近にあるクリップを使って占うことにする。取り分けられるものであれば何でもいいらしい。

そして何か占うことはないかと思いを巡らせると、ちょうど身近でささやかな揉めごとがあったので、それについて占ってみた。その揉めごとは、私は当事者ではないのだが、口出しできる立場にあったものを傍観してたら、どんどんこじれていったのである。

で、出た卦《け》は、

〝節《せつ》〟

門庭を出でず凶なり。すでに出るべき時期であるのに、躊躇《ちゅうちょ》して門内の庭を出ようとしない。その消極性のゆえに凶。

びっくりした。

状況にぴったり合致している。

なぜ仲裁に入らなかったのか、とこの卦は言っているのだ。そもそも易経で出る卦は八×八の六十四、さらにそれが六つの爻《こう》に分かれるから三百八十四通りの答えがあるのである。

中には例えば、

〝蒙《もう》〟

妻にするにはよくない女である。たとえ娶《めと》っても金持ちの男に目がくらんで身持ちも悪い。

とかいう目下の状況とはちっとも関係ない卦もたくさんあって、そういうのが出たらどう解釈していいか全然わからないところだったのに、今回出た卦はまさに状況を的確に捉えていた。

易経は当たるのではないか。

そこでもう一度、今引越ししようと考えているのでそれを占ってみる。と、出たのは、

〝未濟《びせい》〟

川を渡ろうとして失敗し、その尾を濡らす狐。

凄い。

これは引越ししたら失敗すると言っているのだ。〝その尾を濡らす〟とは、失敗したうえ

に、かえって損するという暗示とみえる。またもやこれも辻褄《つじつま》が合う。

おそるべし易経。

偶然では済まされない何かを感じるではないか。

もっと占いたい。何かないか。考えてみたが、これ以上大事な問題を思いつかないので、まさに今、夜も更けてきたので原稿書きはこのへんにしてもう寝るべきかどうか占ってみる。

すると、

〝无妄《むぼう》〟

自然のままにして真実なこと。もし動機が不正であるならば、かえって災いを招く。眠ければ寝ろ、という意味であろうか。あるいは、サボらずにこのまま働かんかい、という意味であろうか。ちょっと判断の分かれるところだが、まあ、これも状況に合ってなくはないと言えるだろう。

こうして数回にわたる占いにより、易経は結構凄いということがわかった。ということはつまり、話を最初に戻すならば、竜たる私はやがて天に昇るということも明白である。さすがだ。私が見込んだだけのことはある。

そんなわけでどこをとっても大器晩成、前途洋々たる私なのであるが、今のところ竜はまだ田んぼにいるので、御用のある方は、田んぼの方でお待ちしています。

あとがき

この本は、主に雑誌『旅行人』に、四年間にわたって連載されたエッセイを加筆訂正したものに、若干の書き下ろしを加えた、私の四冊目の単行本である。

『わたしの旅に何をする。』というタイトルは、いつも何かに巻き込まれて思い通りにいかないその納得いかなさを言葉にしたつもりだ。

なかでも一番納得いかなかったのはパキスタン政府の核実験で、旅行中、強盗や事故にはなるべく用心していたけれど、まさか核に邪魔されるとは思わなかった。まあ、本当にあのルートが危険だったのかどうかはわからないし、過剰反応かもしれないけれど、ともかく史上最強の邪魔であったことは確かである。おかげで長年の目標であったユーラシア大陸陸路横断を断念したことは本文に書いた通りだ。まさに、わたしの旅に何をすると言いたい気分である。

さて、場当たり的に書いてきた旅行エッセイだったが、こうして一冊にまとめてみると、結果的に「たいした将来の見通しもなく会社を辞め、とりあえず旅行しまくりたいと考えた浅薄なサラリーマンのその後」といった展開にもなっている。

もちろんまだ何の結果も結論も出ていないので現在進行形だけれども、自分の未来がよくわからないのは案外いいものだ、と最近は思う。このさき四十年もこうして働くのかと暗澹《あんたん》たる気持ちで高い給料をもらっていた頃よりも、来年のこともどうなるかわからないし、収入だってその頃の何分の一もない今のほうがよほど愉快である。

まあ、そんな悠長なことを言っていられるのも、貯金が残っている今のうちだけかもしれないが、二十一世紀がやってくるんだから何とかなるだろう。私としては、ひきつづきこの愉快とともに未来へ突入したい。

それでは、みなさんにも愉快な二十一世紀が訪れますよう。

宮田珠己

二〇〇〇年春

文庫版あとがき

この単行本を出した後、次は日常エッセイを書いてみないか、というお話を各方面からいただいて、大変ありがたかったのであるが、何度かチャレンジしたものの、うまくいかなかった。とにかく日常生活に目が向かないのである。これはもう個人的な資質かと思うが、私はどうしても非日常的なものが気になって、ついつい変なものや不思議なものを求めて旅に出てしまう。

なぜかと聞かれても、そういうふうに生まれついたとしか答えようがなく、自分ではどうしようもない。その後あきらめて、変なもの中心に邁進《まいしん》することに気持ちを固め、巨大な仏像とか変な盆栽とか迷路の本などを書いて、マニアックな傾向にますます拍車をかけているのだけれど、ここまで書いてきて、この後とくに何か言いたいことがあるわけでもないことに気づいたので、話は変わるが、ときどき私の名前を見て勘違いしている人がいるようだから、ここではっきり言っておきたい。

私は女みたいな名前だが、男だ。

一度どこかでそれを書いておかなければと思っていた。唐突だけどここに記す。

この本を自分で読み返してみて、フリーになるのを躊躇《ちゅうちょ》していたサラリーマン時代の心境が、ひさしぶりによみがえった。そんな逡巡《しゅんじゅん》の若々しさがまぶしいけれど、今にして思えば、フリーになって住宅手当がなくなっても、明日も仕事があるか定かでなくなっても、サービス残業で倒れることを思えばはるかにマシだと断言できる。みなさん、働きすぎて死なないように。

このたび幻冬舎文庫に収録したいと声をかけてくださった君和田さんと、この本を買ってくださった読者のみなさんに感謝します。

二〇〇七年春　　宮田珠己

解説

東えりか

留守番電話が光っていた。パソコンと携帯電話の普及で、自宅の電話を使うのは原稿のゲラの受け渡し用にファックス機能を使うくらいになってしまった。留守番電話の点滅を最後に見たのはいつのことだろう。確か去年のことではなかったか？

意外にも用件は仕事の依頼らしいのだが、あまりにも長くこの機能を使ってなかったせいか、何を言っているのかわからない。タマキとカイセツという単語だけはどうにか聞き取れたが、肝心の相手もわからない。二足の草鞋《わらじ》で仕事をしているので、昼間は勤めに出ているし大概の原稿依頼はメールか携帯にもらっている。それにしても自宅の番号はどうやって知ったんだろう？　もう一回、電話してくれるだろうか？　タマキって、何？

幸いにも翌日連絡が取れ、宮田珠己氏の文庫解説依頼をもらい、両手をちょっと挙げて小躍りした。タマキの中で一番仕事をしたかったのが、この珠己さんだったのだから。

彼の文章との出会いは、「旅行人」という雑誌だったと記憶している。90年代前半の私はアジアアフリークで、年に3回は東南アジアを巡り歩いていた。スキューバダイビングのポイント探索に手弁当で参加したり、インドネシアのポップスミュージックに傾倒し、バンドを作ってライブしたりしていたが、後半になると仕事の忙しさや政変による治安の悪化で、なかなか出かけられなくなっていた。そんな憂さを「旅行人」を読むことで晴らしていたのかもしれない。編集長の蔵前仁一の著作も大好きで、本屋で見かけると買い求めていたから、どんな人が他に書いているのか好奇心が働いたのだろう。

宮田珠己のエッセイは群を抜いていた。旅行エッセイは人柄がにじみ出る。椎名誠の「オラオラ、女こどもはいらんもんね、男だけで楽しむんだもんね」という文章は、男性には共感を、女性には呆れをもたらし、開高健の「何が何でもデカイ魚を釣るんだ、オーパァ！」という本では、男性には憧れを女性には諦めを与えてくれる。もちろんどちらも大好きな作家だが、宮田珠己には自分に対するアイロニーとペーソスが感じられた。必死さの裏に見え隠れする不幸な結末を予感させる物語はそこはかとなく母性本能を刺激したのだ。といっても、当時はそんな難しいことを考えたことなどこれっぽっちもなく、なんかおバカで面白くて追っかけていただけに過ぎない。その時点で私は立派なタマキンガーになっていた（宮田珠己はファンから敬意を込めてタマキングと呼ばれている。ゆえにファンはタマキンガーと称される。ペ・ヨンジュンの「家族」のようなものだと思ってもらいたい）。

ちょうどその頃から、私は書評の仕事を始めた。きっかけは些細なことで、酔っ払って既知の編集者に最近読んだ『イカの春秋』という本がいかに面白く、イカという生き物がどんなに頭がいいかを熱く語っていたとき、じゃあさ、今度創刊する雑誌でそんな変な本を紹介してよ、という話になったからだ。人生の岐路は突然やってくる。夜中の飲み屋で私は書評家になった。

好きな本を好きなように紹介していい場を持ったので、私は宮田珠己を褒めて褒めて褒め上げた。処女作の『旅の理不尽』だって、『ウはウミウシのウ』だって『52%調子のいい旅』だって褒め称えた。仲間内では「誰も読まない本の書評をする」と呼ばれる私に褒められることは褒め殺しではないか？　と心配しないではなかったが、褒めずにはいられなかったのだ。全身から脱力して書いているように見える文章は、緻密な計算が施され、微妙にはずしたシャレや世代が違えば絶対にわからない比喩だって読者の反応は織り込み済みに違いない。なぜだか必然的にそこに行ってしまう下ネタだって興味をそらさないための高度なテクニックである。宮田の文章は理知的であることを、私はとっくに見抜いていた。

さて本書について少し述べよう。『わたしの旅に何をする。』は宮田珠己にとっては4作目の著作で、なんと7年ぶりにようやく文庫化された作品だ。編集者の慧眼に拍手。しかし実際に連載が開始されたのはそれよりもさらに4年前からだから、すでに10年も経っていることにはちょっと驚いた。途中、古臭い芸能ネタが紛れ込んでいるのはそのせいだ。ちょうど連載中に会社を辞め、筆1本で生きていこうと決めた気概が随所に感じられる、ような気がする。本人はいたって真面目に旅行に行き、真面目に楽しむつもりでいるのに、天の配剤はそれを許してくれない。様々なトラブルを乗り越え、旅を貫徹させる姿は読者の感動を誘うかもしれない。誘わないか。

そんな人はまずいないだろうが、解説から先に読み始めたあなた。どうか、電車の中では注意して欲しい。ふいの笑いをこらえるのは、本当に苦しいことだから。

このあと宮田珠己はどんどんと活動の幅を広げ、世界中のジェットコースターを乗りまくって絶叫し続けたり、なぜそこに立っているかわからないままに風景の一部となってしまった巨大仏を目指して彷徨《さまよ》ったり、ベトナムの脱力系盆栽に嵌《はま》って抜けられなくなったりしている。どの取材も膨大な時間と経費をかけて、己のマニアックな趣味を満足させるためだけに旺盛な執筆を続けている。今、気がついたのだが珠己の己はオノレのことだ。そうか、誰かのためにとか、世の中の役に立つことを、などという意識は生まれながらにして持ち合わせていなかったのか。因果な名前だ。

どうであれ、私は宮田珠己の作品を支持し続けるだろう。布教の成果も少しずつ現れ始め、タマキンガーは着々と増殖している。この10年で嫁をもらい、子をなしたタマキング宮田珠己は、今後、脂の乗り切ったエッセイストとして、我々の目の前にその唯我独尊系の興味をどんなふうに著してくれるのだろう。楽しみでたまらない。

――書評家

この作品は二〇〇〇年五月旅行人より刊行されたものです。

幻冬舎文庫

●最新刊
おどろき箱1
阿刀田　高

役に立たない、だけどあったらちょっと嬉しい。ある日、少年が手に入れた箱から出てくる奇妙な物が巻き起こす、おかしなおかしな出来事。短編小説の名手が贈るファンタジック・ストーリー。

●最新刊
行かずに死ねるか！
世界9万5000km自転車ひとり旅
石田ゆうすけ

「運命なんて変えてやる！」そう決意してこぎだした自転車世界一周の道。恋愛、友情、そして事件……。世界中の「人のやさしさ」にふれた七年半の記憶を綴った、笑えて泣ける紀行エッセイ。

●最新刊
温室栽愛
狗飼恭子

大村佐知、26歳。友達なし、彼氏なし、手に職もなし。現在、実家の喫茶オオムラでアルバイト中。ある日、大学時代の知り合いの桜子がやってきて、かつての彼氏たちを次々と呼び出すのだった。

●最新刊
逆転　リベンジ
牛島　信

家電メーカー本社を離れ、子会社を閉鎖するよう命じられた上和住。だが、復職を約束されたはずの人事には、思わぬ落とし穴が——。〝法〟を味方につけた彼がとった究極の選択とは。

●最新刊
なめないでね、わたしのこと
内館牧子

あの「男の涙」に心揺さぶられ、13歳の性体験に驚愕し、愛するが故に横綱へ愛のムチを送る。人気脚本家として横綱審議委員として日々の喜怒哀楽を包み隠さずユーモラスに描く痛快エッセイ。

わたしの旅《たび》に何《なに》をする。

宮《みや》田《た》珠《たま》己《き》

平成19年6月10日　初版発行
平成30年6月15日　7版発行

発行人——石原正康
編集人——菊地朱雅子
発行所——株式会社幻冬舎
〒151-0051東京都渋谷区千駄ヶ谷4-9-7
電話　03(5411)6222(営業)
　　　03(5411)6211(編集)
振替00120-8-767643
印刷・製本—図書印刷株式会社
装丁者——高橋雅之

幻冬舎文庫

ISBN978-4-344-40971-2　C0195　み-10-1

幻冬舎ホームページアドレス　http://www.gentosha.co.jp/
この本に関するご意見・ご感想をメールでお寄せいただく場合は、
comment@gentosha.co.jpまで。